經典暢銷改版

動物訓練必殺技

別斃了那隻狗

Don't Shoot the Dog!

The New Art of Teaching and Training

凱倫・布萊爾 著
Karen Pryor
黃薇菁 譯

〈專文推薦〉

有教無類——人狗共通的訓練原理

祁偉廉

四年前我接受了國立屏東科技大學熱帶農業暨國際合作研究所賴所長的邀請，共同爲動植物防疫檢疫局籌設「偵測犬訓練中心」，對我這臨床獸醫來說是跨足一個全新領域，幸得來自夏威夷的訓練師陶德（Todd Kikuda）和紐西蘭的訓練師葛瑞內（Rene Gloor）先後來台指導，從選擇犬隻、氣味認知訓練和領犬員組合訓練逐步進階，在教學的內容中常聽他們談到行爲學的用詞、用語和理論，爲求進一步了解曾向國外訂購了幾本相關書籍，但是在中文書籍中卻沒有能夠找到一本以專業動物訓練基本理論爲主的論著。市售的訓犬書籍相當多，多數也是翻譯自英文或日文書籍，這些翻譯書籍往往偏重教導服從訓練，或是導正隨處排便的技巧，很少在理論上著墨。爲了替本書撰寫推薦序，我有機會能先睹爲快，是件讓人欣喜的事，因爲這本書的內容能夠讓專業訓練師和一般犬隻的主人清楚知道，給狗的訓練是鼓勵犬隻改變行爲，朝向我們希望的行爲發展，而不是對狗的一種脅迫。

以前在自己經營動物醫院看診時，常聽畜主抱怨家中愛犬多麼桀驁不馴，較多的例子是責怪愛犬溜出家門外出玩耍，弄得全身髒兮兮的才回家，回家後輕則被指著鼻子臭罵一頓，重則棍棒修理，顯然愛犬得到的教育是負面的，因爲在犬隻的認知成了「回家會被修理」，那下次有機會還是逃出去玩玩吧。再者是有許多的主人抱怨無法順心的牽愛犬散步，會被拖著走，暴衝使人差點跌倒，其實在狗的心中想的是「走快點前面好玩喔」。累積了對狗的埋怨，找不到解決的方法，不知道如何教育自己的愛犬的結果，很可能以「遺棄」收場，製造了嚴重的流浪犬問題，增加許多社會成本。但是若能像本書中所述，教導主人採用正確的訓練原理，懂得如何自行訓練愛犬，讓人與狗能相處融洽，相伴相隨永不離棄，將是一項解決流浪犬問題的重要方策。

在我參與的偵測犬訓練過程中，仍然使用P字鏈控制犬隻，當犬隻做出我們不希望的行爲時就抽緊，讓牠們因爲受到不舒服的感覺而就範，但是很少領犬員能夠體會這本書中所強調的：P字鏈使用要給狗時間。在口令「不可以」與拉扯抽緊之間要給狗時間，直接拉扯成了純粹的「處罰」。專業的領犬訓練希望的是犬隻能夠喜歡工作而且快樂工作，而不是被押著強迫去工作。給狗時間是本書對P字鏈使用者的一項啓示，也是一項要求。

本書作者凱倫．布萊爾女士曾與知名的心理學家史金納博士和動物行爲學家勞倫茲共事，當然本書的立論基礎常與這兩位專家的理論有著相關性，若是能對他們的學說也有些了解，更能掌握本書精深的內涵。

史金納博士的行爲主義，強調環境條件與事件對行爲改變的影響，焦點在對學習行爲的安排，其操作制約學習原理提出的假設指出：學習是一種行爲，行爲的變化是環境事件和條件的函數，且可由反應頻率表示；學習的要素是由區辨性刺激所產生的反應而增強刺激，這些內容正是當今學習行爲學主流的學說。而勞倫茲更是動物行爲學的鼻祖，一九三五年他根據雁鵝的學習行爲，提出了銘印（imprinting）的概念，指出孵化不久的雁鵝雛鳥，由視覺和聽覺刺激學習辨識親鳥，並會跟隨著被認知的親鳥行動。有了專業的理論爲基礎，這一本動物學習訓練的書，則是凱倫布萊爾將動物行爲學的學理推至應用的實用書籍；在網路資訊中可以搜尋到她架設的「clickertraining.com」專業網頁，本書中也有一整個章節在說明響片訓練，這種訓練是一種新的訓練技巧，將響片壓出喀啦喀啦的聲音不難，而用在何時或如何使用則大有學問，響片會使動物有突飛猛進的學習成效，相信是讀者急於知道的訓練招數。

由於作者本身不僅對狗貓訓練有經驗，在夏威夷更是海豚訓練的先驅，書中常以海豚訓練舉例，或許是因爲我也曾經參予擱淺鯨豚救援，對鯨豚類動物有些基本認識，以及曾經被服務單位派赴日本八景島海洋樂園水族館見學，爲期一個半月天天觀看海豚表演，並有機會在後場觀察訓練實況，所以更能體會書中舉例說明的內容，在台灣屏東車城的海洋生物博物館中雖然豢養有白鯨，但是爲了避免不人道的指責，不訓練表演項目，當我向八景島水族館獸醫提到此事，他驚訝的反問「那你們怎麼知道飼養的鯨豚病了」，他指出表演的海豚身體無恙時可以做到的動作，如果突然做不到了，將被隔離檢查，這是早期發現疾病的重要依據，缺了這項依據，鯨豚可能身體差到不吃不喝才被發現病了，這對豢養的鯨豚並不好。站在健康維護的立場，我支持要對飼養的鯨豚進行一些必要的訓練，若要訓練鯨豚，更該先讀這本書。

這本講解如何訓練動物的書，是商周出版「PetBlog系列」中很精華的一本，書中所謂的「訓練」，說的直接一點應該是「改變行爲的方法」，而書中舉出的訓練實例不只是馬、狗、貓、小鳥和鯨豚等動物，「人」也包括在訓練的對象之內，小孩、朋友、媳婦、公婆都成了書中舉例可以藉由訓練改變行爲的對象，所以這不是單純的犬貓訓練書，這是一本改變行爲的書，舉凡養育子女、夫妻相處、侍奉公婆都該閱讀此書。相信閱讀本書之後，一般民眾對於人和動物的相處能夠更融洽，專業動物訓練師、和狗一起工作的領犬員，甚至人與人相處等等，都能進入更高的境界。

（本文作者爲獸醫師及偵測犬訓練師）

〈專文推薦〉

在最適當時機按下它

黃慶榮

現代教育在心理學家的精心設計與實現下，已發展出一套「玩」的教育哲學，也就是我們常聽到的「寓教於樂」。「寓教於樂」講求「享受玩樂」、「專注玩樂」，還要「玩得專業」、「玩得安全」才能算是一套良好的「寓教於樂」方法。「寓教於樂」不僅能讓學習者在學習過程中充滿興趣、樂於學習，也可從玩樂過程中，很快速的體悟出有效完成目標的方法，在潛移默化中達到教育的目的。

拜科技進步之賜，不論是在研究方法的日益純熟與專業化，或是在研究輔助工具的日益精良，利用這些純熟的研究方法與精良的研究輔助工具，人類逐漸揭開動物應刺激所產生的心理與行爲回應的神秘面紗，再將研究成果應用在訓練其他動物，並產生良好的效果。因而，訓練動物在今天已成一門非常專業化的科學領域。《別斃了那隻狗！》正是動物行爲學家凱倫．布萊爾女士多年來以專業的科學方法，訓練多種動物獲得的成果結晶。其中最重要的是以「響片」做爲增強訓練效果的「增強物」。

以「響片」當作增強物訓練狗狗的方法，早在十年前就有人引進台灣，至於訓練成效如何？並無確實報告！不過，從《別斃了那隻狗！》書中的叮嚀推測與筆者長期觀察，「響片訓練法」在台灣推展得並不順利。主要原因是「訓練者無法抓住按下響片的關鍵時間點」，不僅根本無法讓響片發揮「增強物的功效」，反而成爲讓接受訓練動物無所是從的元凶。

以「美食」作爲被訓練動物做對正確動作時的「報償」方式，早已爲人熟悉，也是家中飼養的動物看到你的時候，會主動接近你的原因。因爲，你的形象出現代表有食物可吃。這種關聯建立之後，牠們才會逐漸發展出你會撫摸牠們、你會帶牠們出去玩……等等讓牠們感到很舒適、愉快的其他情境。

在這個發展過程中，每位飼主都有各自不同的經驗。有些主人會發現，自己的狗貓只要聽到塑膠袋發出的「娑娑」聲音，就會立即蹲在腳邊等零食。檢討其原因，是因爲這位飼主，常常從便利商店或寵物用品店買回「便利包」，以「便利包」內的零食餵食他的寶貝動物。在打開「便利包」的時候會發出「娑娑」聲音。於是，狗貓逐漸養成在聽到「娑娑」聲音的時候，就會聯想到「有食物吃了」，所以就會立即蹲在腳邊等零食。同樣的，如果狗主人每天都會幫牠繫上拉繩，帶牠出去散步，讓牠享受愉快的生活。經過一段日子後，這隻狗狗聽到飼主（甚至家中任何人）拿起拉繩的聲音，就會很主動的靠到飼主身邊，樂意接受飼主繫上拉繩。因爲「拉繩的聲音」代表「要出去散步了」。「便利包的娑娑聲音」、「拉繩的聲音」等，都可以視爲訓練的增強物。

當然，也有運用不當產生負面影響的情況，例如：在中華民國保護動物協會八里保育場犬隻訓練人員培訓班中，就發生學員不當使用Ｐ字鏈，讓受訓的狗狗感覺痛苦，而拒絕接受訓練的情形發生。每當這隻狗聽到訓練員拿起Ｐ字鏈的聲音，接著靠近牠的時候，牠立即產生「恐懼感」，並且出現「拒絕套上Ｐ字鏈的行爲」，這種狀況下，Ｐ字鏈變成「負增強物」，它所發出的聲音產生「負增強效果」。事實上，在受訓動物產生錯誤行爲時，按下「響片」，巧妙的運用其「負增強效果」提出警告，也是「響片」的功能之一。

凱倫．布萊爾女士在蒐集、分析她與其他動物訓練專家的建議與經驗後，歸納出訓練動物的重點步驟，並統一以「響片」作爲增強物，利用響片發出的「一致性音頻」作爲「正增強效果」或「負增強效果」。至於讓它產生「正增強效果」或「負增強效果」的時機拿捏，詳讀《別斃了那隻狗！》，細心揣摩書中案例，待心領神會、熟能生巧之後，運用之妙，則存乎訓練者之心。

不容否認，在眾多的訓練動物書籍中，《別斃了那隻狗！》是一本相當專業與權威的書籍，作者不厭其煩的列舉相當多範例，提醒訓練者必須注意的觀念、重點與細節。對於有心訓練家中寶貝，且想要在短期內獲得良好成效的飼主或動物訓練員，可說是一本難得的教科書，遇到盲點時可隨時翻閱以解迷津。但也不得不承認，因爲它有太多的專業名詞和瑣碎的解說，對一般讀者具有催眠作用。

（本文作者爲社團法人中華民國保護動物協會秘書長）

〈譯者序〉

訓練不能光憑直覺與蠻幹！

黃薇菁（Vicki）

十年前，我在美國讀研究所，課餘消遣是到派翠西亞・麥克康諾博士（《別跟狗爭老大》一書作者）的訓犬學校擔任課程助手，當時令我印象深刻的是美國人看待寵物的態度，大家把狗兒結紮和帶狗上課視為責任及義務，樂於追求相關新知，所以市面上有各種犬類訓練及行為相關書籍，我記得初級訓犬課列有多本推薦書目，其中一本就是《別斃了那隻狗！》。

這本書被美國寵物犬訓練師協會（Association of Pet Dog Trainers）選為十大好書，也是該協會訓犬師認證前的必讀推薦書目之一，美國訓犬師組織（American Dog Trainer's Network）稱它是「訓犬師的聖經」，上網查詢現代訓練（modern training）或正向訓練（positive training），它們的推薦閱讀多半都少不了這本書。然而書中直接提到訓犬的部分卻不多，因為它並不是一本訓犬手冊，沒有給你訓練步驟，要你照本操課，而是希望你了解「訓練原理」，明白怎麼做有用，怎麼做無效，有了這個訓練利器在手，無論你想訓練老公或老虎都不成問題。

訓練這門學問無法光憑直覺和蠻幹，舉例來說，如果你家狗狗在客廳大便，你把牠抓過來，指著那坨大便，甚至把牠的鼻子壓在大便上，生氣怒吼：「看看你幹了什麼好事！」，然後海扁牠一頓，讓牠得個教訓，下次才不敢再亂大便，這種處理屬於人類的直覺反應，狗兒不見得學習到你想要牠做的事，所以很少狗兒因此學會了到哪兒大便，奇特的是，儘管它不是很有效，大家仍然口耳相傳、如法炮製，甚至很多訓犬書籍也教人這麼做。這便是蠻幹，不動腦筋。

唯有動動腦，依循訓練原理才能夠有效訓練，靠著直覺及蠻幹只會勞神費時，苦的不只是作訓練的一方，也苦了被訓練者。訓練原理就是學習理論（learning theory），出自心理學大師史金納博士引領的操作制約行爲研究，爾後由史金納博士的學生及其他人士發揚光大，發展應用到各類動物訓練以及人類教育上。

本書作者有鑑於大眾對學習理論的不解，遂結合本身的學術知識及多年動物訓練撰寫了這本書，以升斗小民也能理解的平實口吻簡要介紹了學習理論。

本書共分爲六章：

第一章：開宗明義說明訓練新行爲的方法——「正增強」和「負增強」的原理，運用增強法的各項注意事項。

第二章：達成不可能任務的逐步增強法——介紹威力超級的「塑形法」，如何利用增強法塑造出心目中的行爲，有效塑形行爲的十大原則以及特殊應用。

第三章：精進訓練技巧——介紹何謂「刺激控制」、成功達成刺激控制的四項條件、標的法，以及如何控制刺激及加強行爲反應。

第四章：訓練八招工具箱——如果你不喜歡愛犬的一些行爲，你不必斃了牠、修理牠或丟掉牠！有了其他七招，你再也不必一招處罰走天下，別招或許更管用。

第五章：增強法的生活應用——你不但能夠改變自己，也能改變他人，擴及社會各層面。

第六章：訓練新趨勢——「響片訓練」可加速學習，歷時不忘，探入動物的心靈世界，並且創造人與動物和樂相處的新境界。

無論訓練人、寵物或動物園的野生動物，現今的訓練趨勢逐漸走向人道訓練方法，盡可能少用疼痛或威脅，而本書所提倡的響片訓練更是這類訓練法的翹楚，它與重視處罰糾錯的傳統訓練迥異，強調以訓練原理作爲後盾，進行有效溝通並大量使用正增強技巧，響片訓練正如同燃原野火，在全世界如火如荼地蔓延開來。

雖然十年前已聽聞本書，我卻遲至四年前才開始拜讀，因為書上全是密密麻麻的英文，令人望之卻步，直到讀了之後才發現有如入了寶山，滿載而歸，遂向商周出版推薦此書，現在出版了中文版，方便中文讀者許多。

像這樣的一本訓練寶典，每位動物訓練師、教師或教練都應該人手一冊，寵物飼主也應該好好研讀，你將看得出自己的訓練技巧出了什麼錯，明白原來動物或學生出現的問題其來有自，而真正懂得如何改善自己的技巧。

俗話說：「給人一條魚，不如給他一根釣桿，教他如何釣魚。」目前台灣市面上所有的寵物訓練書籍都是偏重於介紹訓練技巧和步驟的技術書，等同只把「魚」丟給你，而這本書將是第一本告訴你訓練原理的知識書。

我們雖然晚了美國的狗狗飼主至少十年，但是現在有了「釣桿」，我們的飼主知識水準要趕上他們仍然不遲，我期盼這本書能獲得廣大的支持迴響，為更多優質的國外訓練書籍打開進入台灣市場之路。

訓練應該是件愉快又有趣的事，請找對方法，和您的寵物一同享受訓練之樂吧！

（本文作者為台灣狗醫生協會響片訓練課程講師）

別斃了那隻狗！

目錄

前言

本書主要談到訓練，對象無論是人類或動物、年幼或年老、自己或他人，如何運用方法使他們做出能力所及的事或應該做的事。如何讓貓咪不上餐桌或讓祖母別再對你嘮叨？如何改變你家寵物、孩子、老闆或朋友的行爲？如何改善你的網球動作、高爾夫球表現、算術能力或記憶？這些，全都可以利用「增強」的訓練原則達成。

這些原則是不變的定律，如同物理定律，所有的學習及教導必定依據這些原則，猶如蘋果必定依據重力定律往下掉落般，每當我們試圖改變行爲，無論對象是自己或他人，我們都運用這些原則，雖然我們不一定知道自己正這麼做。

我們往往不恰當地運用這些原則，我們威脅對方、與對方爭辯、迫使對方就範或剝奪對方，一出現問題便抓著對方窮追猛打，而當事情順利時卻白白讓稱讚對方的大好時機溜走。我們對自己的孩子、對彼此、甚至對自己都嚴苛不耐，卻也都這種態度感到內疚，深知如果使用較好的方法，將能更快達成目標而且也不會引起緊迫，但往往就是想不出該怎麼做——我們只是不知道爲現代訓練師所善加利用的「正增強定律」罷了。

無論要訓練什麼，不管是訓練四歲小孩在公共場所保持安靜、訓練幼犬大小便、訓練一群運動員或背詩，如果你知道如何運用正增強訓練原則，將可以進展得較快、較好也較有樂趣。

增強的定律很簡單，花十分鐘就可以把它全寫在黑板上，花一個小時就能學起來。然而，要運用這些定律就是個挑戰了，增強式訓練有如玩遊戲，腦筋必須轉得快才行。

每個人都可以作訓練，甚至有些人天生便能做得很好。你並不需要耐性特佳或個性強勢，或擁有與動物或小孩相處的天賦，或具有馬戲團訓練師法蘭克・巴克（Frank Buck）的「人眼魔力」，你只需要知道自己正在做什麼。

有些人直覺就明白如何應用訓練定律，我們稱這些人為天生教師、傑出指揮官、金牌教練、天才動物訓練師。我曾觀察一些劇場導演和許多交響樂團指揮家，他們運用增強原理的技巧都很高超，這些天賦異稟的訓練者不需要看書也能夠善加利用影響訓練的原理，然而我們其他人卻是跌跌撞撞、胡亂摸索企圖解決寵物不受控制或與子女同事意見相左的問題，如果我們能夠了解增強的運作原理，這可能是天大的幫助。

增強式訓練並非是「獎勵」和「處罰」的系統——總的說來，現代訓練師根本不使用這些字眼，獎勵和處罰的概念隱含極多與情緒相關的聯想和解讀，諸如渴望、害怕、罪惡感、「應該」如何和「理當」怎樣等。舉例來說，我們會因為自己做了某事而給予他人獎勵，譬如罵了小孩之後買冰淇淋給他作爲補償，自以爲知道獎勵應該是什麼，例如冰淇淋或稱讚，可是有些人並不喜歡冰淇淋，而且如果稱讚出自不當人選口中或稱讚的理由不當時可能適得其反，就如有時候老師的稱讚反而會使學生受到同學奚落。

我們期望他人不需獎勵也能做對的事，女兒應該洗碗，因爲這是她對父母的義務，當小孩或員工出現打破東西、偷竊、遲到、講話無禮之類的行爲時我們會很生氣，因爲他們明知故犯。我們施行處罰時，通常是在行爲早已發生很久以後了（最具代表性的例子是把犯人關入牢裡），於是這個處罰對對方未來的行爲可能毫無影響。處罰其實只是報復，然而我們卻認爲處罰是種教育方式，人們容易稱這種作法爲：「給對方一個教訓。」

現代的增強式訓練不以這種通俗看法作爲基礎，它是根據行爲科學而來，依科學上的說法，「增強」出現於行爲發生期間或行爲達成時，並會增加行爲再出現的可能性。達成增強有二個要點：行爲與增強兩個事件在時間上必須具有關連性，當「行爲」引起「增強」時，這個行爲發生的頻率即增加。

用來增強的東西（增強物）可能是正面的，它是學習者可能喜歡並且希望要更多的東西，例如微笑或輕拍一下的鼓勵方式；但它也可能是負面的，也就是學習者想避開的東西，例如猛扯一下牽繩或皺眉。但增強原理中，最爲重要的是「時間關連性」——行爲發生，接著出現增強物，日後帶來良好後果或避開不良後果的行爲便較常發生。事實上，這個增強的定義如同回饋迴路，反向推演亦能成立：如果行爲頻率沒有增加，那麼若非增強物出現的時機過早或太遲，就是選用的增強物對行爲者不具增強作用。

此外，我認爲「增強理論」（科學原理）和「增強式訓練」（該科學原理的實際運用）之間有個重要分野。研究顯示，行爲發生後若出現好的後果，該行爲將較常發生，這是事實，不過實際運用時，若訓練者希望獲得驚人成效，在行爲發生的當時就必須立刻出現增強物；「做對了！就是現在這個動作！」就在當下瞬間，學習者必須知道當時的行爲已贏得獎賞。

現代訓練師已發展出一些即時增強的絕佳辦法：他們主要利用標定訊號讓學習者能夠確認行爲、增強定律、一些實際在生活中運用這些定律的方法，以及一個民間提倡的訓練趨勢，目前暫且定名爲「響片訓練」（clicker training），它正將這類訓練原理應用至嶄新未知的新領域。

我最早學習到正增強訓練是在夏威夷，一九六三年 我簽約成爲海洋生物世界海洋館的首席訓練師，我過去以傳統方法訓練犬隻和馬匹，但是海豚是全然不同的對象，你無法使用牽繩、馬勒甚至拳頭訓練這種游來游去的動物，因此正增強物——通常是一桶魚——成爲我們唯一的訓練工具。

一位心理學家向我概略解釋了增強式訓練的原理，至於應用這些原理的藝術，我則由訓練海豚的實務經驗習得。我的學術背景是生物學家，動物行爲也是我畢生的興趣，當時讓我大感著迷的並不是海豚這種動物，而是進行這種訓練時我們之間產生的溝通——由我傳達給牠，由牠傳達給我。我把自海豚身上習得的經驗應用於其他動物，而且開始注意到這種訓練方式的應用悄悄出現在我的日常生活裡，例如我不再對孩子大吼大叫，原因是我注意到這麼做沒用，我會留意尋找我喜見的行爲，當它發生時即予以增強。這種作法不但效果好多了，而且也可保持安寧平靜。

我從海豚訓練習得的經驗具有諸多紮實的科學理論作爲後盾，本書中我們將討論許多理論之外的延伸，據我所知，這些理論的應用多半未曾被科學界描述，而且我認爲科學家常錯誤應用這些理論，不過基本定律已經確立無誤，訓練時必須將它們列入考量。

這些理論的研究具有不同名稱：行爲矯治（behavior modification）、增強理論（reinforcement theory）、操作制約（operant conditioning）、行爲學論（behaviorism）、行爲心理學（behavioral psychology）、行爲分析（behavior analysis）；這個心理學分支領域主要應該歸功於哈佛教授史金納博士的引領。

據我所知，這個領域的內容在現代科學中最遭到毀謗、誤會、錯誤解讀、過度衍伸或誤用，光是提到史金納的名字即足以激怒一些人士，他們擁抱「自由意志」是人獸分野的特質之一，對於具有人文傳統背景的人士而言，蓄意利用一些技巧操縱人類行爲似乎極其邪惡。然而昭然若揭的事實是，我們所有人無時無刻都試圖操縱彼此的行爲，拿得到什麼方法就用什麼。

雖然人文主義信仰者一直猛烈抨擊行爲學論及史金納博士，激烈程度可比過去對付異教徒的狂熱，但行爲學論已經擴展成爲心理學的一大領域，包含大學科系、臨床工作者、專業期刊、國際性會議、研究所計畫、學說、理論支派及大量研究文獻。

這個現象出現了一些益處，有些病症（例如自閉症）對塑形法和增強法的反應似乎無其他療法可及，許多治療師運用行爲療法，成功地解決了患者情緒問題，至少在某些情況之下，這種單純改變行爲、不探究問題根源的作法有其成效，因而促成家庭治療（family therapy）的興起，療程中注意到每位家庭成員的行爲，而非只注意到患者本身，這顯然是很合理的作法。

從史金納理論產生的教學機（teaching machines）和編序教學書（programmed books）是人們爲了逐步塑形學生學習並增強正確反應的早期嘗試，這些早期的機制笨拙難用，不過接著馬上出現了電腦輔助教學（Computer-Assisted Instruction, CAI），它的增強物（虛擬煙火、跳舞的機器人）本身即具娛樂性，好玩又有趣，而且由於電腦回應的時間很精準，因此成效極佳。精神病院等機構也已建立起使用代幣或代券的增強計畫，累積的代幣或代券可以用來交換糖果、香菸或特權。而現在到處都見得到減重或改變其他習性的自我訓練計畫，「精準教學法」（Precision Teaching）和「直接教學法」（Direct Instruction）等依據塑形及增強原則設計的有效教學系統也進入了學校體系，而訓練生理反應的生物回饋（biofeedback）則是應用增強法的有趣例子。

如今，「制約」研究已經到了極致細節的程度，例如一項研究發現，進行自我訓練計畫時如果使用進度追蹤表，把小空格塗滿的人將比在小空格裡打勾的人容易維持新習慣。

把繁枝末節研究至此有它合理的心理學研究目的，不過它通常和好的訓練不太相干；訓練是一個迴路，是雙向性溝通，在迴路某端所發生的事件將改變另一端的事件，這和神經機械回饋系統（cybernetic feedback system）完全一樣。然而許多心理學家把研究當成是他們對動物所做的事，而非一起做的事，對於眞正的訓練師來說，最引人興味的是每隻動物出人意料的獨特反應，而且它可能是訓練過程中最具成效的事件，但幾乎所有實驗性研究都刻意忽略或降低個體化反應。

史金納博士所謂的「塑形法」是一個行爲逐漸改變的過程，設計及執行這個訓練方法是一個運用想像力的過程，然而心理學文獻中多得是缺乏想像的塑形研究，故且不提它們的設計笨拙，我認爲它們甚至還構成了殘忍又不正常的處罰。舉一項近期期刊報告爲例，它的尿床行爲療法不但在小孩床上設置「尿濕」偵測器，而且還要治療師陪小孩過夜！撇開它對小孩心理的不良影響不說，這類的「行爲」療法有如企圖用鏟子打死蒼蠅一般。

十九世紀哲學家叔本華（Arthur Schopenhauer）曾說過，每個創新的觀念會先被人取笑，然後被人大肆撻伐，到後來才會被視爲理所當然。

據我所見，增強理論也不例外。多年以前史金納博士廣受恥笑，因爲他爲了示範塑形現象而訓練一對鴿子打乒乓球。他還曾爲出生不久的女兒打造了一個溫暖、自動清潔又提供娛樂的搖籃，人們謔稱它是不符人道的「嬰兒箱」①，是不道德且偏離正統教派的產物；現今仍有人謠傳他兩個女兒精神失常，其實兩人都是事業有成的專業人士，個性也相當宜人。最後一點是，現在有許多知識份子認爲自己早已聽說增強理論也明白它是什麼，表現出一副沒什麼大不了的樣子，事實上多數人並不了解它是什麼，否則他們對待別人的行爲就不會這麼差了。

自從有了訓練海豚的經驗後，經年下來我持續對學術界、專業人士及一般大眾以增強原則爲題發表演講及文章，我把這種訓練方法傳授給高中生、大學生、研究生、家庭主婦和動物園管理員，也教導親友家人，週末講座裡則教授幾千名狗兒飼主和訓犬師，我對其他各類的訓練師（包括牛仔和教練）也進行觀察和研究。我注意到增強訓練的原則正逐漸滲入我們的普遍認知當中，好萊塢電影的動物訓練師稱正增強爲「搏感情訓練法」，他們

① baby box，由史金納博士發明的「史金納箱」而來，史金納箱是用來進行動物行爲實驗的裝置。

利用這些技巧訓練成一些無法以暴力脅迫達成的行爲，例如在《我不笨，所以我有話要說》（*Babe*）電影中豬和其他動物出現的許多行爲。現今許多奧運教練也利用正增強和塑形方法訓練，而非依賴傳統威嚇的方法，他們同樣獲得顯著的進步表現。

然而，我卻找不到一本描述增強理論原則的書，可以讓人在遇到實際狀況時能馬上拿來運用，因此我在本書中依我的理解解釋了增強理論，並且就我所見說明了實際生活上的運用及誤用情形。

增強式訓練無法解決所有問題——它無法讓你銀行帳戶裡的錢變多，也無法挽救不良的婚姻，它也無法逆轉嚴重的人格問題。有些情況（例如嬰兒哭鬧）並不屬於訓練問題，它需要運用其他辦法解決，有些行爲（無論動物或人類）具有遺傳天性的成份，要以訓練改變或許很難或不可能，有些問題不值得花時間訓練。但是，對於許多生活中的挑戰、任務或煩人之事，正確運用增強可以有所助益。

在某些情境下使用正增強後也許可以讓你觸類旁通，了解如何在其他情境下運用。一位我曾共事的海豚研究學者曾酸溜溜地說：「沒有訓練過雞的人應該規定他們不可以生孩子。」意思是人在訓練過雞這種無法接受暴力的動物而獲得成效時，這種經驗將明白顯示，你並不需要處罰小孩也能獲得成效，而且這種經驗應該會讓你有點概念，了解如何增強你喜見的小孩行爲。

海豚訓練師爲了每日工作需要，必須發展出正增強技巧，我注意到他們的子女多半極討人喜歡也很宜人。本書並不能保證你的子女也一樣宜人，事實上本書並不保證任何結果或技巧，它所能給你的是所有訓練的基本原則，並且給你一些指導方針，教你如何在各種情境下靈活運用這些原則，它或許能夠讓你去除苦惱多年的情況，或者能夠使停頓不前的狀況豁然開朗，如果你希望的話，你當然也可利用它訓練雞。

增強式訓練似乎有種自然規律，本書章節的安排順序與訓練時各個事件實際發生的過程（由簡單至複雜）同出一轍，而這個順序似乎也是人們最容易學習成爲眞正訓練者的必經過程。本書的編排由易入難，目的爲使讀者逐步發展出正增強訓練的概略認識，然而本書爲求實用，從頭至尾以生活實境作爲範例，建議讀者把書中提及的解決辦法當成建議或啓發，而不是依樣畫葫蘆。

1

比獎勵更有效的「增強原則」

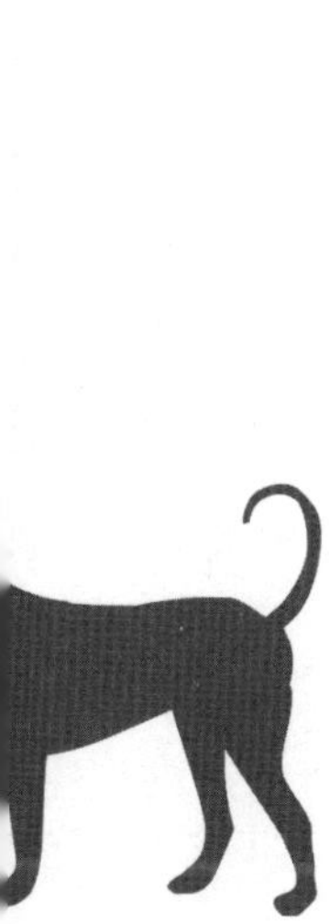

「正增強物」是什麼？

所謂「增強物」即任何與某項行爲共同出現、通常會增加該行爲發生頻率的事物。請你牢記，它是優良訓練的祕訣。

增強物可以分爲兩種：「正增強物」和「負增強物」。「正增強物」指訓練對象希望獲得的事物，如食物、撫摸或稱讚；而「負增強物」則指訓練對象希望走避的事物，如被猛擊、皺眉的表情或不悅耳的聲音，如上車後沒繫上安全帶時一直嗶嗶作響的警告聲即是負增強物。

只要是原本就會出現的行爲，無論它多麼罕見，都可以利用「正增強」加強這個行爲。例如你召喚一隻幼犬過來，當牠過來時便拍拍牠，即使日後沒有對牠多作其他訓練，牠被召回身邊的可能性也會越來越高。假設你希望某人（子女、父母或情人）打電話給你，但他從來不打電話給你，那你是無計可施的，因爲增強式訓練的重點是：你無法增強一個從不發生的行爲。反過來說，如果他每次打電話給你時都相談甚歡，使這個「打電話給你」的行爲獲得正增強，他將來再打電話給你的可能性或許便會提高。（當然，假如你每次接到電話都予以「負增強」——盡說些令人反感的話：「你爲什麼現在才打電話來？非得我打給你嗎？你都不打來。」——他會爲了迴避這種煩擾而不想打電話給你了；事實上，你的所作所為正是訓練他別再打電話來。）

增強式訓練最根本的原則便是針對行為給予正增強。在科學文獻裡，心理學家可能會這麼說：「『行為方法』用來……」或者「這個問題利用『行為方法』而獲得解決。」這通常意謂心理學家以正增強取代了原有方法，不過這並不暗示他們採取本書提及的所有正增強技巧，他們甚至可能並不知道這些技巧。

然而，改用正增強作法通常足以解決問題，至今它仍是協助解決尿床問題最有效的方法：早上起來時發現床單沒溼，即立即給予稱讚及擁抱。

在自己身上運用正增強原則也很有效。我以前是莎士比亞讀書會的會員，在那裡認識一位年近五十、熱愛打迴力球的華爾街律師。他無意間聽到我與他人聊天時談到了訓練，他便聊起他在打迴力球時會試試使用正增強，他原本習慣在出錯時罵髒話，但現在會試著在打出好球時稱讚自己。兩個星期後我碰巧遇見他，我問他：「迴力球打得如何？」他的臉上浮現華爾街律師身上少見的驚奇歡愉的表情。

他告訴我：「起初我覺得自己真是個大傻瓜，因為每次打了好球就對自己說：『幹得好！彼特，真有你的！』如果只有我一個人練習，我甚至還會拍拍自己的背。後來我開始打得越來越好，在迴力球俱樂部的排名比以前升高了四級，把過去一些很難搶分的對手打得七零八落，而且我也獲得了更多樂趣，我不再大罵自己，賽後不會感到生氣失望。打了一個壞球，那沒什麼好在意的，之後就能打出好球。我發現自己最愛看到對手犯錯、生氣、扔球拍，我知道這些舉動對球賽毫無幫助，所以我只要微笑就好了……」

眞是可畏的對手啊！而他只不過改用了正增強而已。

增強物的性質是相對而不是絕對的。雨對鴨子來說是正增強物，但對貓來說卻是負增強物，而對牛來說（至少在天候暖和的情況下）則無關緊要。吃飽後，食物不再是正增強物，而如果對方打定主意要惹你生氣，那麼再多的微笑和讚美（增強物）也無用武之地。因此爲了達到增強的效果，增強物必須是對方想要的東西。

無論任何訓練狀況，有多種增強物可供選擇將會很有幫助。在海洋世界的海生館裡，殺人鯨便有許多不同的增強物，包括魚隻（食物）、在不同身體部位撫摸搔癢、社交關注及玩具等。在整個表演秀裡，牠們永遠不知道接下來哪一個行爲將被增強，或者增強物將是什麼，這些「意外驚喜」會讓牠們覺得興味盎然，有時候甚至可以進行整場表演仍用不到一般常用的魚隻增強物，在表演結束後才獲得餵食。對訓練者來說，不斷變化增強物的種類也是一件極具挑戰又有趣的事。

正增強也是送禮藝術的依據，當選中對收禮者具有增強作用的禮物時，對送禮者也是種增強作用且有助於人際關係。在美國的文化中，送禮這件事常由女性負責，我甚至還知道有個家庭由媽媽負責爲全家人採買送給彼此的聖誕禮物；到了聖誕節清晨拆禮物時，可笑的對話出現了：「喔！這個禮物是安送給比利的。」然而每個人都知道這份禮物和安一點關係也沒有。坦白說，這種作法無法磨練孩子增強他人的技巧。

對正增強觀察敏銳的男性會比其他男性占有更大優勢。身爲母親的我就要求兒子們一定要懂得如何送禮，舉例來說，在他們七歲和五歲時，有一次我帶他們到一家昂貴的名店爲妹妹挑選洋裝。他們很喜歡躺在豪華舒適的椅子上，對妹妹試穿的每件衣服品頭論足，他們的小妹也很喜歡這樣，當然她握有最後的決定權。多虧那次經驗和其他類似練習機會，他們三人都學會了如何眞心關切他人，爲親愛的人尋找有效正增強物也成了一種樂趣。

哪些是「負增強」？

增強物的作用是增加行爲發生頻率，但它不一定都是學習者想要的東西，避免不喜歡的東西也可能是種增強。實驗室研究顯示，如果改變行爲可以讓厭惡刺激（aversive stimuli）消失，這個厭惡刺激即可增加該行爲發生頻率，這類刺激就稱爲「負增強物」（negative reinforcers），一種人類或動物會設法避免的刺激。

負增強物可能是極其輕微的厭惡刺激，例如講冷笑話時朋友不屑地瞥你一眼，或冷氣吹送過來的一陣涼風讓你起來換個位置。而極劇烈的厭惡刺激，例如公開侮辱或電擊，除了可以當作處罰之外，也可拿來作爲負增強物；我們被老闆責罵的經驗或許極具處罰性質，但是我們很快便學會，當愛罵人的老闆站在前門時就從後門溜進公司上班。

負增強物是指經由行爲改變即能停止或避免的厭惡刺激，只要新行爲一出現，厭惡刺激立即停止出現，因而強化了新行爲。假設我坐在姑媽家的客廳裡，像在自己家裡一樣把腳跨放在桌上，姑媽挑高一邊眉毛表示不滿，我便把腳放回地上，她的表情放鬆了，我也鬆了一口氣。以這個例子來說，挑高的眉毛是一種厭惡刺激，具有負增強物的作用，我以新行爲停止了這個厭惡刺激，所以腳留在地上的行爲將來可能再度發生，在我姑媽家裡是如此，到了別人家裡可能也會一樣。

負增強物幾乎能完成所有的訓練，傳統的訓練方法多半就是這麼做——當左邊韁繩拉緊時，馬兒只要向左轉，拉扯嘴巴的討厭壓力即會減少，因此馬兒學會了向左轉；獅子退回台子上並待著不動，因爲這麼做才能避免被鞭子揮到，或有椅凳擋在面前。

然而，負增強並不同於處罰，兩者的差別在哪兒呢？處罰是指在意圖改變的行爲發生後才產生的厭惡刺激，對該行爲可能毫無影響，我在本書初版中寫道：「沒人知道成績不佳而被修理的男孩將來的成績會不會變好，但是他絕對不可能改變這張已帶回家的成績單。」的確，當我們懷著意圖進行處罰時，我們經常已錯過時機太久，不過這還不是處罰和負增強眞正不同的地方。

現代行爲分析學者把任何停止行爲的事件都視爲處罰。幼兒把髮夾插入插座時，媽媽用力一抓，把他的手拍開——這個行爲停止了，但其他事情可能開始發生——幼兒開始哭、媽媽感到愧疚等等，不過把髮夾插入插座的行爲確實消失了，至少當時是如此，這就是處罰的作用。

心理學家史金納（B. F. Skinner）更明確定義「處罰」可以是「某項行爲導致喜歡事物消失的過程」，或者也可以是「某項行爲導致不喜歡事物發生的過程」。不論是哪種定義，處罰也許讓當下發生的行爲停止了，但是沒有人可以預料以後會出現什麼後果。我們已知增強物可以增強未來的行爲，但無法預測處罰是否能夠導致行爲改變。

媽媽抓住幼兒或用力打他的手（即使時間點抓得很準），這個作法是否保證他將來不會再度把東西插入插座呢？去問問任何一位家長，你就會明白現實情況往往是：家長把小東西收好，蓋住牆上的插座或者用傢俱擋住插座。等幼兒長大，他們特別想這麼做的衝動就會消失。

行爲分析學者認爲，增強或處罰都是一個由後果定義的「過程」。負增強物可以拿來進行有效訓練，儘管使用厭惡刺激，訓練過程仍可能相當無害。以下是個利用負增強訓練駱馬的好例子（感謝駱馬專家吉姆．洛根〔Jim Logan〕提供此法）。駱馬是種半馴化的動物，美國人把牠們當成寵物飼養，其他地區的人則飼養駱馬群作爲毛料來源。

駱馬和馬兒一樣非常膽怯害羞，除非自幼時常接觸人類，否則人們很難靠近牠們，雖然利用食物增強的訓練法對駱馬效果極佳，但當牠們對人類過於驚懼而不敢接近取食時，這個方法也派不上用場，所以現今的駱馬訓練師作法是，利用響片作爲訊號，告知駱馬牠們的行爲將獲增強，但這時使用的初級增強物（或眞正的增強物）是「移除負增強物（即厭惡刺激）」。

實際上，你等同對駱馬說：「如果我走近到離你三十呎處，你可以保持站著不動嗎？可以？很好，我按下響片就會轉身離去。」、「現在，如果我走到離你二十五呎處，你可以站著不動嗎？可以？很好，我按下響片就走。」利用響片標定駱馬站著不動的行爲，並且利用「可怕人類的離開」作爲增強物，有時在五至十分鐘內即能靠近到能夠觸摸到牠的距離。駱馬控制著整個局勢，只要牠站著不動，牠就可以讓人類走開！所以牠繼續站著不動。當人能摸了駱馬幾次之後才離開，這時便打破僵局了，這個人不再令牠感到害怕。現在飼料桶即可出場，溝通的對話轉變爲：「你站著不動時我可以摸摸你嗎？可以？按響片就賞你好吃的東西。」這時駱馬便進入獲取「正增強物」的階段，這些正增強物包括食物、搔癢和拍撫，而且牠正把站著不動的新行爲做得很棒，而不是朝著別處逃命去。

利用離開（或好行爲出現即不再施壓）的作法就是所謂「通馬語者」（horse whisperer）常利用的訓練技巧，訓馬者在圍起來的區域內與自由奔跑的馬匹互動，在相當短的時間內使馬匹脫胎換骨：野生的馬兒從驚怕逃竄變得能夠冷靜接納人類，甚至容許馬鞍及人類騎乘，這種整體性的轉變可說非常神奇。使用這些技巧的訓練者雖然都習慣以某個聲音或動作作爲標定訊號（或制約增強物），但很少人眞正意識到自己這麼做，反而常用迷信說法解釋這種現象。其實這種現象一點都不神奇，全是運用「操作制約」的結果。

雖然負增強很有效，但請牢記：每次使用負增強時，同時也使用了處罰。當拉緊左邊韁繩，在馬兒轉向左以前，向前直走的行爲即不斷受到處罰。而且濫用負增強和厭惡刺激也可能導致莫瑞．西德門（Murray Sidman）博士所謂的「附帶作用」，也就是因處罰引起的不良副作用（請見第四章）。

抓準增強物出現的時間點

前述已提過，增強物必須和想改變的行爲一起出現。增強物出現的時間點本身就是訊息，它告知學習者你喜歡的行爲究竟是什麼，當動物試圖學習的當下，增強物想傳達的訊息會比增強物本身更重要。運動員或舞者受訓時，教練喊出「對！」或「很好！」可立即標定當下的正確動作，給予對方確實需要的訊息，若等到回到更衣室才進行事後檢討，則無法產生作用。

增強時機過晚是訓練生手最大的問題。例如當狗兒坐下來，在主人說出「好乖！」

時，牠正好又回到站姿，這麼一來，到底哪個行為被「好乖！」增強呢？是站著的行為！每當你發現訓練出現問題時，第一個該問自己的問題便是增強時機是否太晚，如果你在訓練某人或動物時忙得無法分心留意，這時請人幫忙觀察，看看自己增強的時機是否太遲，將會大有幫助。

我們增強他人的時機往往太晚，「親愛的，你昨晚看起來美極了！」這句話的效果與當下即時讚美的差別很大，遲來的增強甚至可能有適得其反的效果（「怎麼，我現在難道不美嗎？」）；然而對於為時已晚的補償話，我們卻常常寄以厚望。

過早給予增強也可能很沒效率。美國布隆克斯動物園（Bronx Zoo）的管理員曾對大猩猩十分頭疼，他們必須讓牠進入戶外欄舍才能打掃室內欄舍，但是牠老是喜歡坐在進出口，力大無窮的牠可以擋住滑門，阻止門關上，當管理員把食物擺在戶外或以香蕉誘引牠時，大猩猩不是不加理會就是搶了食物再趕在門關上前回去擋門。他們請了動物園裡的一位訓練師處理這個問題，這位訓練師解釋，「揮舞香蕉」及「丟入食物」是企圖以「賄賂」來增強一個尚未發生的行為，但真正有效的解決辦法是當大猩猩坐著擋門時不予理會，但是只要牠自己到戶外時便給予食物獎勵。問題就這麼解決了！

家長有時也會誤以為自己是鼓勵小孩，事實上卻太早給予增強（「好孩子，就是這樣，你「幾乎」做對了！」），因而可能增強了努力的行為，「努力」去做某事和「實際」

做到某事是不同的，有時候小孩哭喊著「我做不到！」或許是事實，但是它也可能是努力行爲受到過度增強的症狀。一般而言，在行爲出現前給予禮物、承諾、讚美或任何東西，完全無法增強這個行爲，因爲受到增強的是增強物出現當下的行爲，也最可能是要求增強物的行爲。

進行負增強訓練的時機點也很重要。馬兒學習到當左邊轠繩拉緊時向左轉，但是在牠左轉後必須不再拉緊轠繩，這個停止拉扯的動作即爲增強物。在上馬後踢踢馬腹，馬匹往前走了，便不該再繼續踢（除非你要牠跑快一點）。新手騎士常會不斷踢馬，彷彿得不斷踩油門馬兒才會跑，但對於馬兒而言這個動作並不具訊息，因此馬術學校裡產生了「鐵腹馬」，無論騎馬的人踢得多急，牠們仍以牛步行進。

同樣反應也出現在常遭父母、老闆或老師嘮叨責罵的人，負增強物在期望結果達成時如果沒有立刻消失，它將不會有增強作用，也不會傳遞任何訊息，嘮叨責罵不但只成爲名符其實的噪音，也是資訊理論（information theory）中談到的「噪音」。

我觀賞足球和棒球的電視轉播賽時發現，球員被增強的時機點總是準確無誤，這讓我印象深刻。在球員跨過本壘達陣的同時，觀眾立即爆出歡呼聲，而且一旦得分或確定輸贏，仔細看看那些球員之間彼此熱烈增強的動作。這對演員來說卻相當不同，尤其是電影演員。即使是在舞台上演出，仍然得等到謝幕才能獲得掌聲，而電影演員除了偶爾從導演、攝影師或工作人員得到回應外，他們獲得的增強全都錯過了時機，影迷信件和好的影評在數週或甚至好幾個月後才會出現，這與洋基球場爆出轟天歡呼的情形比起來顯得遜色無趣，他們工作起來可能特別缺乏成就感，即使有很不錯的增強物，但獲得的時機卻總是「太遲」，也難怪常有一些明星近乎病態地喜歡諂媚奉承和追求刺激了。

增強物的大小

剛開始利用食物來增強的訓練新手常搞不清楚食物增強物應該多大，答案是盡可能越小越好，增強物越小，動物能越快吃掉它，不但可以減少訓練者等待的時間，而且每次練習時還可以增加增強物的使用次數，不會讓動物一下子就吃飽吃膩了。一九七九年，我擔任華盛頓特區的國立動物園（National Zoological Park in Washington, D.C.）的顧問，教導動物園員工使用正增強技巧。在訓練課程上有位管理員抱怨自己的貓熊訓練進展得太慢，我認為這不尋常，像貓熊這種貪心又活躍的大型動物以食物作為增強應該很容易訓練，在我觀察過一回訓練後發現，這位管理員雖然已緩慢塑造出貓熊的動作，但是問題出在她每次給予貓熊的增強物竟是一整根胡蘿蔔，貓熊好整以暇地享受每根胡蘿蔔，在管理員寶貴的十五分鐘訓練時間裡牠只得到了三次增強物（而且牠也難免吃膩胡蘿蔔了），如果改成每次只給一片胡蘿蔔的話，情況將好得多。

一般來說，一小口增強物就足以讓動物保持興趣，對雞而言是一兩粒玉米，對貓來說是半公分的小肉塊，對大象則是半顆蘋果，如果是特別喜愛的食物，份量甚至可以更少，例如餵給馬兒一茶匙的穀子，美國國立動物園的管理員甚至只用葡萄乾便訓練北極熊做出許多有用的行爲（例如依指令移動至另一個欄舍）。

訓練的基本法則是，如果每天只訓練一次，在滿足每日給食份量的四分之一前，動物的訓練反應都會很好，等訓練結束後再給牠其餘的份量。如果每天訓練達到三至四次，你可以把平常份量分爲約八十等份，每次訓練用二十至三十份。八十份增強物似乎是任何動物維持學習興趣的每日最高量（這或許是幻燈片匣最多只能放入八十張幻燈片的原因，因爲每當講師要求換第二個幻燈片匣時我總是會抱怨一下）。

行爲的難易程度也與增強物的大小有關，我們在海洋生物世界的經驗發現，要求鯨魚表演筆直衝出水面二十二呎的高難度跳躍動作時，必須給予一條大青花魚作爲獎賞，如果只給平常增強用的兩條小梭魚，牠們會拒絕表演這個動作。

至於人類，增強物的大小雖然沒有一定的定律，但是有時候工作越艱難，報酬將會越大，如果我們完成了艱難工作卻未獲得相對報酬時，我們肯定痛恨不已。

意外的「大獎」

「大獎」（jackpots）是一個對動物或人類都極爲有效的技巧。大獎是指非常大的增強物，甚至可能比平常大上十倍，而且訓練對象沒料到它會出現。我曾在一家廣告公司任職，公司除了有一般的聖誕派對，大案子結案或簽下新客戶時也會有非正式的慶祝活動，不過董事長還有個習慣，他每年總會舉行一兩次突如其來的驚喜派對，可能是在某天下午三、四點時，他會闊步行經每個辦公室，大喊著要大家停下工作、關上電話總機，接踵而至的是外燴服務人員、樂師、調酒員、香檳、燻鮭魚和所有派對應有的東西。這些全爲我們而來，而且沒有特殊理由，這對五十名員工來說完全是出乎意外的大獎，我認爲這對提升高昂的工作情緒有極大影響。

大獎也可以用來標定「突破性的意外進步」，以我認識的一名訓馬師爲例，當年輕馬兒首度完成一項困難動作時，他隨即從馬背躍下，除去馬鞍和馬勒，然後放牠在場地裡任意奔跑——給予完全的自由便是一個大獎，而這麼做似乎把新行爲保留下來。

然而，遇到動物不聽話、害怕或抗拒而完全不出現好行爲時，偶爾給一次大獎也可能有效改善動物的反應。我們曾在海洋生物世界進行一些由美國海軍資助的研究，作法是增強海豚的新反應，但不增強過去訓練過的舊有行爲，研究對象是一隻極少出現新反應、名爲「胡」的溫馴海豚，如果牠出現反應卻未獲增強，牠就會變得不動。後來有次訓練時，牠持續二十分鐘沒有出現反應，訓練師在這時候丟給牠兩條魚獎勵牠這個「沒有反應的行爲」，「胡」似乎被這個慷慨大禮嚇了一跳，再度變得活躍起來，很快出現一個可被增強的動作，後來的幾次訓練因而出現了眞正進展。

我也曾親身體會過這隻海豚的經驗。在我十五歲時，騎馬課是我最大的人生樂事，每張騎馬券可上十次課，但我每個月零用錢只夠買一張。當時我與父親菲利普．威利（Philip Wylie）及繼母瑞琪（Ricky）同住，雖然他們對我很好，但正處於青少年叛逆期的我，總是一副刻薄殘忍、暴躁易怒的態度。有天晚上這兩位慈愛又聰明的家長告訴我，他們對我的行爲感到忍無可忍，所以他們決定要嘉獎我：他們送給我一張全新的騎馬券，這是他們其中一人不辭辛勞地到馬場購買的。哇！我完全沒資格收下這樣的大獎！我記得我當下洗心革面，多年後在我撰寫本書時，繼母瑞琪確認這段記憶的確屬實。

我並不完全了解這種不勞而獲的大獎爲什麼具有如此突然又效果深遠的作用，我只知道那張額外的騎馬券即時解放我心中的壓抑和憎恨，我猜這便是那隻海豚的感受。或許將來有人會拿它作爲博士研究論文，向我們解釋原由。

制約增強物

當動物出現你希望鼓勵的行為時，你可能根本無法即刻給予增強物，尤其使用食物增強時更是如此。以訓練海豚跳躍爲例，當牠躍入空中時我不可能馬上拿魚餵牠，這麼一來每次獎勵牠跳躍而賞牠魚兒吃的時間勢必延誤。但事實上，久而久之海豚終究還是會把跳躍動作和吃魚聯想在一塊兒，於是跳躍動作還是會增加，只是關鍵在於牠無法得知我到底是喜歡牠跳躍的哪一點，是高度？弧度？還是水花四濺的入水動作？於是牠必須跳躍許多次，才能找到我心中期望的跳躍動作是什麼。遇到這種狀況時，我們便可以利用「制約增強物」(conditioned reinforcers)。

「制約增強物」是指一個原本不具意義的訊號（可能是聲音、光線或動作），刻意讓它在增強物出現之前或出現期間出現。現代海豚訓練師都利用警用哨笛作爲制約增強物，海豚即使在水底也可聽到哨音，而且訓練師還可以空出雙手比手勢及餵魚。我時常使用一種發出響聲的便宜派對玩具訓練其他動物，這些玩具只要一壓就會發出喀達喀達聲，或者我也會特別選用某個稱讚用語，當成制約增強物之用，例如使用「乖狗狗！」或「乖馬兒！」學校老師常使用「那很不錯唷！」和「非常好！」等具有形式意義且謹慎運用的讚美也出於此理，學童總是會迫不及待把事情做完，等著聽到這些讚美。

日常生活中的制約增強物不勝枚舉，諸如我們總是喜歡聽到電話鈴響或看到被信塞得滿滿的信箱，即便接到的電話大都很無趣或者信箱裡多半是垃圾信，因為我們從過去多次經驗學習到，電話鈴響或信件與好的事情具有關連性。我們喜歡聖誕節音樂，討厭牙醫診所的氣味，我們在周遭擺設一些東西（照片、盤子或獎杯），不是因為它們美觀或實用，而是因為它們能讓我們回憶起快樂時光或親愛的人，這些東西都是制約增強物。

講求實效的正增強動物訓練幾乎都應該先從建立制約增強物開始，在正式展開訓練前，趁動物尚未刻意出現行為，先教導牠制約增強物的重要性，作法是讓這個「制約增強物」與食物、拍撫或其他眞正的增強物產生聯結，隨後你可以在動物身上看出牠們是否已經理解這是你示意「很好！」的訊號，通常牠們接收到制約增強物時會表現出停格一下的反應，然後開始尋找眞正的增強物。有了制約增強物，你將擁有一個能夠眞正與動物溝通的方式，告知牠你到底喜歡牠的哪一點行為，所以不必當怪醫杜立德也能與動物「交談」，利用這種「習得」的增強物你將會驚訝自己可以對動物「說」出許多訊息。

制約增強物的威力極大，我曾見過飽足的海洋哺乳動物為了獲取制約增強物仍持續工作，馬兒和狗兒持續工作一小時以上只為了得到少許的初級增強物，人類當然也會為了錢不停工作，說穿了「錢」就是一種制約增強物，是用來買東西的代換品，而錢賺得根本花不完的人甚至特別愛賺錢，他們對這個制約增強物已沉迷得無法自拔。

可以聯結到多種初級增強物的制約增強物將更具威力。舉例來說，動物在訓練時可能不想要食物，但如果同一個聲音增強物曾被刻意聯結到喝水或其他樂趣，這個增強物將仍具效用，而且會更有效。我家貓咪聽見「好乖！」時就會看見晚餐出現、被人拍撫、得以進出門口或領取表演把戲的獎賞，於是我現在便可以輕易利用「好乖！」增強牠們跳下餐桌的行爲，而不必給予眞正的增強物。然而，金錢之所以具有極大增強作用，或許正是因爲它幾乎可以與所有東西作聯結，是一種聯結甚廣的制約增強物。

制約增強物一旦建立起來了，便必須謹愼的使用它，以免減低了它的效用。幫我騎乘我家威爾斯小型馬的孩子很快便學會，只有在他們想增強馬兒行爲時才可以說「乖馬兒！」，若只是單純想表達對馬兒的喜愛，只要不使用這三個字，他們對著馬兒說得天花亂墜都沒有關係。某天他們看見一名新來的孩子撫摸馬兒臉頰時邊說：「你是乖馬兒！」其中三個孩子立即包圍質問她：「妳爲什麼對牠這麼說？牠又沒做什麼！」同理，我們應該給予子女（配偶、父母、情人或朋友）很多的愛與關注，不需要在他們出現特定行爲才給予，但我們確實應該愼用讚美，把讚美當成制約增強物，實際出現好行爲時才讚美。即便是幼童，人們對於虛情假意或無意義的讚美都會很快感到厭惡，因而不再具有任何增強作用。

響片訓練

海洋哺乳動物訓練師通常以哨音作爲制約增強物，用來訓練鯨豚、海豹和北極熊。凱勒・布瑞蘭（Keller Breland）首度在六〇年代將這個訓練概念引進海洋哺乳動物園和美國軍用海豚訓練，他曾是制約心理學家史金納博士的研究生，他把哨音稱作「中介刺激」（bridging stimulus），因爲它除了告知海豚即將獲得一條魚之外，也成了海豚「在池中央跳躍」（被增強的行爲）和「游到池旁領賞」兩個動作之間的中介聯結。

行爲分析的文獻承認制約增強物具有這兩個作用，不過它還有更多作用等候發現。到了九〇年代，越來越多動物訓練師開始使用操作制約、塑形法、正增強和制約增強物，也有越來越多的民眾開始這麼做，由狗兒飼主引領風潮（請見第六章），由於狗兒飼主使用的制約增強物是種內含金屬簧片的塑膠響片，他們便稱這種訓練爲「響片訓練」，而稱自己爲「響片訓練者」。

響片訓練者使用的響片除了是制約增強物，以及介於「賺取」和「實際獲得」食物之間的刺激外，它還具有多種未獲研究的功能。首先最重要的功能是奧登・林茲（Ogden Lindsley）博士所稱的「事件標定器」（event marker）作用，響片讓訓練對象明確知道被增強的行爲是什麼，它甚至把主控權交到訓練對象的身上，過了一陣子之後訓練對象不再只是重複行爲，而是顯露出意願：「嘿！我使你按下響片了！你看看，我再做一次！」響片訓練者把這種轉變稱爲「燈泡亮了！」比喻渾然開竅、豁然開朗的時刻，不管對訓練者或訓練對象都具有極大的增強效果。

愛倫．瑞絲（Ellen Reese）博士向我指出，響片訓練者使用的制約增強物也是一個代表「完畢了！」的終結訊號，誠如訓練師蓋瑞．威爾克斯（Gary Wilkes）所言：「響片終結了行爲。」然而這一點有時似乎不太符合常理，傳統訓練師常爲此而大感吃驚，因爲利用響片訓練狗兒咬著啞鈴不放的作法竟然是在狗兒還咬著啞鈴時按下響片，這時候牠便獲准放掉啞鈴去吃塊熱狗獎賞。

哲學家葛雷格里．貝特森（Gregory Bateson）在海洋生物世界任職數年，他主張操作制約只不過是一個用來與外星生物溝通的系統，它的確可以拿來這麼用。標定訊號的另一個主要功能是用來溝通特定訊息，訓練師史帝夫．懷特（Steve White）警官告訴我，他曾叫他的巡邏德國牧羊犬搜尋某個被丟在六呎高樹叢頂端的物件，那隻狗在地面搜尋很久但徒勞無功，然後當牠碰巧把頭抬高時，史帝夫按下了響片，那隻狗立刻轉而嗅聞頭部高度的空氣，警覺到目標物件的氣味，然候開始往區域內較高的地方搜尋氣味，甚至以後腳站立起來嗅聞，於是在史帝夫沒有再度出手協助下，牠找到了物件位置，猛跳到樹叢頂取得了這項物件。

「繼續加油！」

以剛剛史帝夫在和他的狗溝通時的例子來看，他們之間的溝通有另一個特點，史帝夫的響片聲並不是作爲一個終結訊號，而是一個「繼續加油！」的訊號，由於狗兒尚未發現目標物件，響片的適時出現不但是增強了往上方嗅聞的行爲，也讓狗兒繼續出現搜尋的行爲。我在本書初版中曾寫道，我們可以多次使用制約增強物但不給予眞正的增強物，直到最後再給予即可。我之所以這麼說是因爲，有時候在訓練海洋生物世界的海豚出現長時性行爲或連鎖行爲時會這麼做，但是我當初寫書時並沒有意識到，我們事實上使用了（至少）兩種的制約增強物（或標定訊號）：一種是正常音量的哨音，代表「這就對了！食物隨後就到，過去那邊取食，完畢了！」另一種則是較輕的哨音，代表「這就對了，但是還沒達到目標！」

我在九〇年代曾與許多響片訓練新手共事，訓犬書籍作家摩根．史貝克特（Morgan Spector）稱這些人爲「跨域訓練者」（crossover trainers），指精通處罰式訓練，但正試圖改用塑形法和正增強的人。當時我發現他們都很願意按響片，但卻極不願意給食，甚至到了已經讓響片意義不復存在的地步。對此我必須強調，唯有遵循「按一次響片，給一次零食」的通則才能教會人們如何有效塑造行爲。

不過，在許多現實狀況中，有些「過渡性的增強刺激」可能非常好用，如同上述史帝夫與巡邏犬的例子所示，另擇一個增強刺激，並藉由這個刺激告知訓練對象「那就對了，繼續加油！」是個解決方法。「繼續加油！」的訊號並不需要直接聯結初級增強物，只要在響片終結聲出現之前插入這個訊號即可，學習者很快就可以理解到，它只是一個引領至最終增強物的訊號。

接下來你便可以好好運用這個「過渡性的增強刺激」，在連鎖行爲當中利用它作爲蘊含訊息的標定訊號，不必讓進行中的行爲停下來；舉例來說，敏捷賽中狗兒進行障礙競速，主人必須在狗兒迅速移動之下指示牠下一個障礙是什麼，我曾見過狗兒在達成某項障礙後，表現出不知所措的樣子，彷彿沒聽清楚指示，不知該穿入隧道還是跨欄，牠的頭在兩項障礙之間來回擺動著，當狗兒朝跨欄望過去，主人大喊「沒錯！」時，狗兒才立刻跑向正確的障礙項目。

如同最終才出現的響片聲一樣，這種過渡性的訊號可以是任何刺激（響片、哨音、大喊一聲或揮一下手），但要注意的是，這個刺激並不能只是懷抱希望的鼓勵或加油打氣（這麼做可能使動物分心或不小心增強其他行爲），它也必須是一種意義明確、精確使用的制約增強物。

習得厭惡刺激

及時發出的「習得正面訊號」是告知接收者「你現在的行爲很好，將爲你帶來好處，所以多出現這個行爲吧！」，而你也可以建立「習得厭惡刺激」（conditioned aversive signals，或稱爲「懲罰物」〔punisher〕），它告訴接收者的訊息是「你現在的行爲不好，你要是不停止這個行爲的話，不好的事就會發生。」

習得厭惡刺激比起威脅更爲有效，有些動物──我想到的是貓咪──對於大喊大叫和責罵沒有反應，不過我有一位朋友有次卻意外治好了她家貓咪愛抓沙發的毛病，事實是因爲她大喊出的「不！」變成了習得厭惡刺激。有天她在廚房裡失手掉落一個鑄銅大托盤，正好就掉在貓咪身旁，而當托盤掉下時，她大喊「不！」，下一秒托盤即落地發出巨響，貓咪被嚇得跳起來，全身毛都豎了起來。之後當貓咪抓沙發時，主人一喊「不！」，貓咪便看來一副驚懼樣，立即停止動作，在重複兩次之後這個行爲便永遠消失了。

訓斥是生活中必要存在的一部分，以正增強作爲教導的主要工具，這並不代表必要時不能說「不！」（例如幼兒拿東西戳入插座時），然而，一些訓練者拿這種現實狀況爲例，認爲無論什麼狀況，教導時經常作「糾正」是很合理的，事實上他們犯了兩個錯：第一、他們似乎認爲糾正的好處和正增強一樣多，卻沒考慮到它對學習者產生的其他影響（請見

第四章「處罰」)。第二、他們使用訓斥和處罰，但並未建立警告訊號（即習得厭惡刺激）。

要讓「不！」產生效果的訣竅在於必須讓它成為制約負增強物（conditioned negative reinforcer），舉例來說，如果你覺得有必要使用P字鏈（收縮鏈），你便應該在狗兒犯錯的同時說出「不！」，然後在拉扯鏈子之前稍等一會兒，給牠機會修正行為以避免處罰。如果你只是直接拉扯P字鏈但沒給牠警告，這個拉扯的動作就只是純粹淪為處罰，將無可預期它對未來行為的影響，而且這個處罰的累積效應可能會影響狗兒的工作欲望。另一個常犯錯誤是，當狗兒回到位置上時依然繼續猛扯鏈子，這使牠的兩個行為都受到處罰。

如果糾正式訓練方法缺乏了制約負增強物，實際用到厭惡刺激的機會將會增加，也將使學習速度變慢。有時候傳統訓練師為了獲得可靠穩定的行為，必須比應用增強訓練的訓練師多花費許多時間進行訓練，也許花上數個月或甚至數年以上，這不只是因為他們所依賴的處罰方式會讓行為消失，也因為他們使用處罰時缺少了制約負增強物，必須重複訓練數百遍之後，動物才能歸納出牠們應該出現的行為。

近來有一類特殊的制約負增強物頗受訓犬人士歡迎，這種「無獎勵標定訊號」通常是以平淡語氣說出「錯！」這個字，概念是當狗兒表現不同行為試圖猜測你想要什麼時，你可以利用一個表示「那個行為不會得到增強」的訊號告訴牠哪些行為沒用。

根據史金納博士對「處罰」的定義——把動物想要的事物取走，這表示當「錯！」這個字代表動物將無法獲得增強物時，它無可避免地成為一個習得厭惡刺激，而它是否也因提供訊息而變得具有增強作用呢？我在訓犬界裡看過一些「錯！」可派上用場的特殊情況，如果你的狗已經知道很多塑型完成的行為和指示訊號——也就是說，牠對訓練極富經驗——你便可以利用「錯！」這個口令作為要牠改變行為的訊號，意思是：「省省力氣，那麼做沒用，試試別的。」

要讓這個作法奏效必須符合以下條件：訓練對象過去為了獲得響片聲而變化行為或主動嘗試新行為時常獲得增強的經驗。使用這種必須巧妙運用的訊號時之所以出現問題，通常是因為人們把它用在沒有經驗、不明白人們想要什麼的狗兒身上，這時人們很容易把這個訊號比照P字鏈使用：叫狗兒坐下，牠沒坐下，立刻喊：「錯！」如果這個訊號確實帶有「不會獲得增強物」的意義，那麼「沒有坐下」的行為即遭到處罰。但是這並不代表坐下的行為現在即將發生，事實上它的後果很可能與其他處罰一樣無可預料，狗兒可能完全不再反應並低頭怯怯地偷偷溜走，或者牠會放棄你，開始自己尋求增強物，因而出現不當行為，例如吠叫、暴衝、嗅聞地面或抓癢，把注意力移到他處。

無法預料的獎勵更具吸引力

有個廣爲流傳的錯誤觀念是，當開始以正增強訓練某個行爲時，便必須在訓練對象的餘生裡一直使用正增強物，如果不這麼做，這個行爲將會消失。這個說法並不正確，事實上只有在**學習**的階段才需要持續使用增強物。你可能會經常稱讚幼兒使用馬桶的行爲，但是一旦這個行爲完成學習，它將自行獲得增強。我們應該常常給予初學者增強物，例如教小孩騎自行車時可能需要不斷告訴他：「那就對了，現在騎穩，你做到了，很好！」如果當他學會騎車而你卻仍不斷稱讚他，這時你就很蠢了（小孩也會以爲你發神經了）。

爲了使學成的行爲維持一定的可靠程度，非但沒有必要每次都增強這個行爲，而且極爲重要的是，不可以經常增強這個行爲，而要改爲偶爾增強，而且是隨機性（無法預測）的增強。

心理學家稱這種增強方式爲「變化性增強時制」（variable schedule of reinforcement），它維持行爲的效果比起持續性、可預測的增強方式更好。一位心理學家曾跟我這麼解釋：假設你的新車總是很容易發動，某天當你坐上車後把車鑰匙一轉，它卻沒發動，你可能會再試著發動幾次，但是你很快就會判斷這輛車出了問題而打電話給修車廠，由於轉動車鑰匙的行爲沒有立即帶來期待的增強結果，這個轉動鑰匙發動車子的行爲很快便會消失。相反地，如果這是台老舊的破車，幾乎很少在第一次就發動，而且通常還得花很久時間發動，這時候你便可能花上半個小時不斷試圖啓動，因爲這個轉動車鑰匙的行爲長期以來一直受到變化性增強，因而能穩定維持著這個行爲。

如果海豚每次跳躍都一定有魚吃，牠跳躍的動作將很快變得馬虎敷衍，過得去就好，然後要是不給魚了，海豚跳躍的動作很快就會消失。不過，如果在牠學會跳躍就有魚吃的概念後，我現在開始只增強第一次跳躍、第三次跳躍，接著便隨機增強牠的跳躍動作，這個行爲就會穩定維持下來，當動物沒獲得獎勵時，牠們反而會更常跳躍，期盼下次中獎的機會，而且跳躍時甚至可能變得更有活力。如此一來，我便能夠選擇增強較具活力的跳躍動作。

利用變化性增強時制可以塑造出較佳的表現。不過即使是專業動物訓練師，有些人仍無法善用變化時制的正增強方法，它對許多人似乎都是個特別難以理解與接受的概念，我們都知道當錯誤行爲停止時，我們就不必再繼續處罰，可是我們往往無法理解爲何沒有必要繼續獎勵好的行爲或甚至不應該這麼做。這其實是因爲我們想以正增強訓練出進退有禮的良好行爲時，我們自己也不太確定應該怎麼做。

變化性增強時制的威力正是賭博的本質，要是每次投一塊硬幣到吃角子老虎裡就會有十塊硬幣掉出來，你很快就會喪失興趣，雖然你的錢會越來越多，但是這種方式實在很無趣。人們之所以愛玩吃角子老虎正是因爲他們無法預料將出現什麼：可能空空如也、可能掉下一些錢、也可能掉下很多錢。我們不在這裡討論爲什麼有些人會沉迷賭博，而有些人能夠拍拍袖子走人，不過對於那些好賭成癮的人來說，變化性增強的作用就是讓他們上癮的原因。

變化性增強出現的時間間隔越長，它所維持行爲的效果就越強，不過如果你想設法消除某項行爲，把時間間隔拉長的變化性增強就對你很不利。所有未獲增強的行爲都有自行消失的傾向，但是如果它不時獲得增強，儘管只是偶發事件——抽根菸、喝杯酒或者對不斷嘮叨或哀求的人稍事讓步——這個行爲不僅不會消失，事實上它可能反而被這種間隔拉長的變化性增強時制維持得更好，這就是爲什麼已經戒菸的人若偶爾偷偷抽根菸，在一天內即可能又變回大菸槍。

我們都看過一些遭配偶或情人施虐的人，難以理解他們爲何依然留在這些人身邊，這種愛上惡劣、毫不體貼、自私甚至很殘忍的人卻執迷不悔的情況，傳統以爲只發生於女性，但實際上這也發生於男性。大家都認識這類人，如果他們以離婚或其他方式離開惡劣的另一半，他們旋及又會找到同類型的對象重蹈覆轍。

這些長期成爲受害者的人是否具有嚴重的心理問題呢？有這個可能，不過他們也可能是長間隔變化性增強時制的受害者。當你剛開始與對方交往時，認爲對方迷人、性感、風趣又無微不至，即使這個人日後逐漸變得難以相處，甚至施暴，但偶爾還是會對你展現好的一面，即使獲得這些美好增強物的時光變得越來越罕見，它卻成了你的人生寄託。從常理來看，這似乎是十分反常的現象，但是從訓練觀點的角度看來卻顯而易見：這些美好時光出現得越少、越無可預測，它的增強作用越強大，而且你的基本行爲也將越爲持久。此外，也不難理解爲什麼曾經有過這類關係的人會再度尋求同類對象，因爲他們與和善正派的正常人交往時可能就是少了那種增強物極少出現、令人渴盼、因而增強效果加倍所帶來的快感。

從操縱者的角度來看，想任意使喚某個人、並且讓他隨時言聽計從，只要偶爾給他他想要的東西就可以達到目的了，這便是皮條客管理手下妓女的手法之一。它的確是個極爲有效的方法，但是一旦受害者理解到操縱者的強烈「魅力」至少有部分來自這種變化性增強時制，他們通常便能冷靜離開這種關係，找尋不同的對象。

不適用變化性增強的情況

在行爲學成後不應該採用變化性增強的情況只有一種，那就是當這個行爲牽涉到解答問題的時候。高級服從訓練要求狗兒從一堆雜七雜八的東西裡找出主人摸過且帶有氣味的物件，每當狗兒選對物件時都必須讓牠知道，這樣牠才知道下次該怎麼做。進行分辨測驗

（例如找出兩個聲音之頻率較高者）時，動物每次答對都必須獲得增強，這樣牠才能一直獲知要求牠回答的問題是什麼（當然，這時可以使用制約增強物）。我們在玩填字遊戲或拼圖時，每次猜對就會被增強，因爲只有正確的字或拼圖片才能放入對應的空格或位置裡，如果每個空洞都可放入多片拼圖，你便得不到因正確選擇帶來的正增強，這種回饋對於多數選擇性測驗的情境都是必要的。

如何打破「起頭最難的障礙」

除了變化性增強時制之外，我們也可以採用「固定增強時制」（fixed schedules of reinforcements），這意謂動物必須在預定時間內持續某項行爲，或者必須完成預定次數的行爲之後才會獲得增強。舉例來說，我可以安排海豚連續跳躍，每跳完六次就增強一次，於是連跳六次的行爲很快就會經常出現。但固定增強時制的問題是，連續行爲當中較早出現的行爲永遠得不到增強，於是常會變得越來越馬虎，過得去就好。以海豚跳躍爲例，除了最後一次實際獲得增強的跳躍動作以外，其他跳躍動作將逐漸變得越來越小。固定增強時制的縮減效應或許是影響人類許多任務的一項因素，以工廠裝配線爲例，人們通常必須工作一段固定時間才能獲得增強，與工作表現優劣無關，人們當然只想盡量少花力氣，只要足以讓他們待下來就好，而且每次剛開始工作時的表現可能會特別糟。以海豚來說，偶爾隨機增強第一次或第二次跳躍對於維持行爲的效果與增強第六次跳躍一樣有幫助。對人類來說，如果各式獎勵津貼或其他形式增強物（例如頒獎）與工作量或工作表現有直接關係，並且不與平常的增強物同時出現，它的增強效果將會很好。

無論採取固定或變化性增強時制，都可以訓練出一長串的連續行爲，小雞可以爲了一粒玉米猛啄鈕釦一百次以上，人類也有許多久候增強的例子，有位心理學家開玩笑地說，自人類存在以來，等待時間最久、一直未獲增強的行爲就是唸研究所。

間隔極長的增強時制有時會因爲超過極限而失效，小雞的忍受極限與代謝有關，如果小雞花在啄東西的能量高於一粒玉米提供的能量時，啄東西的行爲通常會消失，因爲做這件事所獲得的好處太少，變得不值得做。這種情形當然也常發生在人類身上。

間隔極長的增強時制也可能產生另一個現象，小雞一旦開始啄東西以後即會毫不間斷地持續啄，因爲每啄一次將更接近獲得增強的機會，不過研究人員注意到，增強間隔拖得越長，小雞開始啄東西的行爲就會越晚出現，這種情形稱爲「長時間行爲的延遲啓始現象」（delayed start of long-duration behavior），這是每個人在日常生活中都非常熟悉的現象。

遇到任何耗時很長的工作時，無論是報所得稅或整理車庫，每個人都想得出許多無法立即開始進行的理由。寫作（有時甚至只是寫封信）是個花時間的行爲，雖然一旦開始寫了之後通常會進行順利，但是要叫人坐下來開始寫眞的很難！作家詹姆斯．索伯（James

Thurber）發現，要他開始著手寫稿眞的非常困難，他有時會裝裝樣子騙他老婆（可理解地，她當然急著要他寫稿，因爲這樣才能付房租），他會整個早上躺在書房沙發上用一隻手看書，同時用另一隻手隨便敲著打字機鍵盤，將來可以獲得金錢正增強物的願景不敵這個延遲啓始的現象，而假裝打字的動作至少阻止了被老婆斥責的負增強物。

要克服這種延遲啓始的現象有一個方法：在行爲剛開始時即給予一些增強物。我有時會在海豚連續跳躍六次的動作中增強第一次或第二次的跳躍動作，我也會用同樣的技巧訓練自己。多年來，我曾經每星期有一兩個晚上要上研究所的課，三小時的課再加上地鐵各一小時的來回，每次都花上很久的時間，每當接近下午五點鐘我總是出現不想去上課的強烈欲望。不過後來我發現，假如我把這趟路程分段，再把第一段分成五個小步驟——走路到地下鐵、趕上列車、轉車、搭公車去大學和最後爬上樓梯去教室，而且每當在我完成一個小步驟就犒賞自己一小塊我很喜歡但平常不吃的巧克力，這個增強每個初期小步驟的作法至少讓我能夠走出家門，而且幾星期之後我已經能夠一路前去上課，不再需要巧克力，心中也沒有掙扎。

迷信行為：意外的增強效果

現實生活中無時無刻都會出現增強，而通常都是碰巧發生的。一位研究老鷹的生物學家注意到，如果老鷹在某處樹叢下抓到老鼠，隨後約有一星期的時間牠每天都會到該處偵察，牠飛經那個特定地點的機率已經被強烈增強。如果你在垃圾桶裡找到一張二十美元的大鈔，我相信你隔天再次經過這個垃圾桶時，肯定會仔細往裡頭瞧瞧。

那個意外的增強對老鷹有利，事實上，動物行爲可說是爲了使每個物種從增強上獲利而演化出來，然而關連性也會意外產生，而且它仍可能對行爲有深切影響。如果某項行爲與後果其實毫不相干，但動物仍出現該行爲，彷彿牠必須這麼做才能獲得增強，科學家稱此行爲爲「迷信行爲」。就舉咬鉛筆的例子好了，如果考試時把鉛筆放到嘴裡，正好在此時想到了正確答案或好靈感，於是咬鉛筆的行爲即受到了增強。我上大學時每枝鉛筆都蓋滿了齒痕——遇到特別難的考試時，我有時還會把鉛筆咬斷。咬鉛筆有助於思考嗎？當然沒有，這只是個被意外制約的行爲罷了。

人們出任要務時會穿上特定衣物或進行某套儀式也是出於同理。我看過一名棒球投手每次準備投球前都會進行一套九個步驟的連鎖動作：輕碰棒球帽、把球輕觸手套、把棒球帽往前推、擦擦耳朵、把棒球帽往後推、單腳來回磨地等等，局勢緊張時他可能還會把整套動作重複兩遍，而且從來不會變動動作順序。這套動作發生的時間相當短（球賽播報員從不曾提及這些動作），然而它卻是一套極爲繁複的迷信行爲。

動物接受訓練時也常會蹦出迷信行爲，牠可能會出現一些你並未特意要求的反應，但這些反應常被意外增強而受到制約，例如，動物可能出現牠似乎必須待在某處、面朝特定方向或出現特定坐姿時才能獲得增強的樣子，當你要牠換地方訓練或面朝另一個方向時，牠的行爲卻難以理解地突然做不好了，想找出原因可能得花些功夫，因此聰明的作法是，在行爲至少完成了部分訓練之後，隨即在進行訓練時變化所有你不認爲重要的情境變數，以免發展出一些日後可能成爲阻礙的意外制約行爲。

最重要的是，要注意不經意時形成的增強間隔模式。動物和人類對時間的間隔都很敏銳。有一次，我十分確信自己已訓練兩隻鼠海豚依訊號跳躍（看我的手勢），直到一位來訪的科學家拿著碼錶告訴我，只要每隔二十九秒牠們就會跳躍一次；果眞沒錯，無論我是否給訊號，牠們都會每二十九秒跳一次，我給訊號的行爲意外被制約得極爲規律，而鼠海豚是因爲發覺了這個規律性而跳躍，並非依照我所給予的訊息而動作。

許多傳統動物訓練師的想法及行爲也都充斥著迷信，他們有些人告訴我，海豚較喜歡穿白色衣服的人、騾子一定非揍不可、熊不喜歡女性等等。而「訓練」人類的人可能也一樣糟糕，例如他們可能相信小學五年級的孩子一定得大聲責罵不可。這類訓練師受到傳統的擺佈，訓練時每次都必須按照完全相同的步驟，因爲他們無法區分哪些方法有效、哪些只是迷信。這種無能（或混淆）常見於多種專業領域——教育界、工程界、軍中，特別是醫界，令人膽寒的是，極多施予病人身上的處理程序並不具療效，它們純粹只是沿習或時興的作法而已，任何住院過的病患隨便想都能想到六項不必要的程序，這些程序都是迷信行爲罷了。

有趣的是，單單向人指出迷信行爲無效並不一定能使它消失，由於它受到強烈制約，人們可能因而爲它強烈辯護，如果攻擊某位醫生慣用的療法無用或甚至有害，你一定會遭到猛然反擊。我相信如果有人命令那位有九個暖身迷信步驟的投手脫掉那頂他得碰四次的棒球帽，他一定會奮力抗拒。

不過，你仍然可以去除自己的迷信行爲，方法是讓自己明白它與獲得增強物無關。我兒子泰德是銀行家，他的嗜好是參加劍擊比賽，他每個星期會找出兩三段時間練習，而且常在週末四處旅行參加比賽。有天他碰上一名很強的對手，他卻因爲把最愛用的一把劍忘在家中而提不起勁，當然，他輸了那場比賽。後來他發現提不起勁比起那把劍更影響他的劍擊表現，而且使用「最愛用」的劍其實全是迷信行爲。

泰德於是開始著手去除所有他找得出來的劍擊相關迷信行爲，他發現自己有很多迷信行爲：一定要穿戴特定衣物，心中深信一夜睡不好、吵架或甚至比賽時把果汁喝光了等等都可能影響比賽表現，他系統性地一一檢視這些狀況，每找到一個迷信行爲就消除對它的依賴。現在，每次參加比賽他都能輕鬆自信以對，即使賽前一小時他惡運連連似地錯過火車、弄丟球衣球具、與計程車司機爭吵，或者穿著練習用服裝和配錯對的襪子、使用借來的劍也都無所謂了。

利用正增強可以做什麼？

以下是我認識的人應用正增強的一些例子：

● 設計師茱蒂為了溫故知新，每週到附近大學上一次夜間繪畫課，班上同學多半也是設計師或商業藝術家。老師每週指定回家作業，但這些專業人士有許多人根本不做作業，老師總是習慣至少花上十分鐘向全班嘮叨作業欠繳的情形，茱蒂被罵煩了，於是建議老師不要再批評不繳交作業的人，而改讚美那些繳交作業的人。老師接受了建議，日後在課堂上公開稱讚每件完成的作業。到了第三個星期，老師不但有一班快樂學習的學生，繳交作業的人數也增加了。

● 大學生仙娜到朋友家中拜訪，卻遇見朋友為了幫家中的德國牧羊犬的耳朵上藥，四個成年人企圖協力抓住牠，不要讓牠掙扎亂動，卻徒勞無功而且還有些危險。仙娜並不特別愛狗，不過她學過正增強，她從冰箱拿出一些起司，五分鐘之內狗兒被她訓練得安靜不動，她一個人輕鬆完成耳朵上藥。

●有位年輕女子嫁了一名男子，結果她的先生愛指使人又很苛刻，更糟的是，她同住的公公也是一個樣兒，這名女子的母親告訴我這則故事，她第一次造訪時看到自己女兒的遭遇甚爲驚恐，但她女兒說：「別擔心，媽，等著瞧吧！」她的作法是遇到命令和苛刻言詞時盡可能不予反應，但兩人之中任何一人出現和顏悅色或體貼傾向時即馬上作增強，給予認可及熱情。一年之內她已使兩人改頭換面，成爲親切和氣的好男人。現在他們都會帶著微笑歡迎她回家，而且都會馬上起身幫忙拿雜貨。

●有個國二女生住在都市裡，她喜歡週末帶狗到鄉間散步，可是她的狗經常跑走，召牠回來時牠又常拒絕回到身邊，尤其到了回家的時間更是如此。某個週末她開始這麼做：每當狗兒東跑跑西跑跑，然後自動跑來找她時，她便對牠施出渾身解數，稱讚牠、拍拍牠、像對嬰兒般對牠嘰嘰呱呱講話、抱抱牠等，等到回家的時間到了，她叫狗兒過來，牠便很高興地回來了，女孩以盛大的儀式歡迎狗兒，這個增強物顯然勝過狗兒平常拖延時間所獲得的自由，從此牠去鄉間散步不再出現問題。

●一名初級行政人員有個恐怖暴躁的上司，他從自己工作內容當中找出了一些可能增強上司的地方（例如拿文件請他簽名），並且儘可能挑選上司不在氣頭上的時間找他，漸漸地，這位上司變得和氣，後來還開始講起笑話。

●有些人發展出的增強物極爲特殊，使得他人一心設法獲得這種增強。安娜特是一名住在郊區的家庭主婦，孩子都長大離家了，如果她沒有一群朋友經常打電話來分享消息，她幾乎與世隔絕。這些朋友不一定是鄰居或親戚，許多人是住在遠地的忙碌職業婦女，我就是其中之一。我們爲什麼都打電話給安娜特呢？當我們有壞消息（例如感冒、遇到國稅局查稅或者保母要搬走了），安娜特會安慰我們，給我們忠告，不過這些都是朋友應該做的事，但她的過人之處在於，當我們有好消息，她會特別增強，如果你告訴她銀行批准了你的貸款，她不會只說：「太棒了！」，她會特別指出你做了哪些努力，爲什麼你受之無愧，她的回應可能是：「妳看吧，記得妳以前爲了維持良好信用有多努力吧！還記得妳千辛萬苦解決了電話公司的問題，還申請了一張航空卡嗎？現在一切都值得了，妳被評爲好的生意人，不過那時妳得先做出正確的行動，妳也確實這麼做了，我眞是爲妳感到自豪。」哇！這不僅僅是認可而已，這是「增強」唷——而且她增強的是過去所作的努力，即使當時只覺得那眞是場磨難。安娜特不會把好消息歸類於「好運」，她使它轉變成增強他人的機會，當然也增強了大家想打電話給她的意願。

團體中的增強

業務代表大會、家長會、卡內基課程或減肥中心，這類開授自我成長集體課程的機構其實大多非常仰賴集體對個人的增強效果，掌聲、獎牌及頒獎儀式等集體嘉獎形式是很有效的增強物，有些作法還相當異想天開。以前有一位IBM業務主管希望增強手下業務團隊的年度表現，於是他雇用了擠滿一整個足球場的人，為員工、高階主管和所有員工家屬盛大舉行一場派對，他讓所有業務代表從球員出場的地方跑進球場，分數板上閃動著他們的大名，由全場群眾高聲歡呼迎接。

我上過沃納．歐哈德（Werner Erhard）的「歐哈德研討會訓練課程」（EST），它有些吹擂自我的推銷意味，但是從訓練的角度來看，我發現這個課程設計得很巧妙，經常高明運用塑形及增強原則。我認為它的名字「訓練課程」取得很適切，帶領課程的人稱為「訓練官」，塑形的目標是認識自我，主要增強物不是訓練官的反應，而是所有人表現出的非語言集體行為。

為了發展出集體增強行為，他們要求二百五十名學員在每位講者講完之後都必須鼓掌，無論他們是否想這麼做，因此從一開始，害羞的人得到鼓勵，膽子大的人也得到了獎勵，而且任何人的見解（無論見解深入或愚蠢）都被大家接受。

起初大家的鼓掌只是義務性質，但它很快變得具有眞正溝通意義——它不同於戲院裡的掌聲，並不是用來表達欣賞程度，而是表達不同程度的感受和意義。舉例來說，我那次上課的學員裡有名好辯的男子，我想每次的EST課程都會有這樣的人，他經常從訓練官的話裡挑語病，到了第三或第四次時，訓練官開始回嘴，其實大家都看得很清楚，從邏輯來看這名男子說得一點也沒錯，但是隨著他們吵得越來越久，早已沒人在乎誰對誰錯，其餘的二百四十九位學員都只希望他閉嘴坐下。

這裡的規則——其實是塑形法的原則——並不允許我們提出抗議或叫他住嘴，但是他逐漸意識到周遭一片寂靜，我們看著他漸漸領悟到沒人在乎他是對的，當「對」或許並不重要時，他變得結結巴巴，慢慢地閉上金口坐了下來，所有人立刻爆發出轟堂掌聲，表達大家贊同、諒解及全然放鬆之意——這對他剛剛的體悟是極爲有效的正增強。

在這種訓練過程中，眞正重要的是行爲，因此不需要言語，但要向局外人解釋這種訓練常常極爲困難。歐哈德像是禪學導師，常以格言開示，以上例來看，歐哈德的課程格言是：「當你是對的，你就是只是『對的』而已。」意思是，你不一定有人愛，也不一定人很好，你只是「對」而已。如果派對上有人高談闊論、舉止誇張，而我引用這句格言，上過歐哈德課程的人可能都會大笑——事實上，任何一位好的現代訓練者可能都會大笑，不過多數聽到這句話的人可能會以爲我是白痴或喝醉了。好的訓練概念並不一定可用言語解釋清楚。

別忘了增強自己

增強式訓練還可以應用在自己身上，我們常忽略這個作法。我們往往很容易對自己過於嚴苛，一位我認識的牧師說：「我們很少人爲自己設下容易達成的低標。」於是我們經常連續多日忙碌無休，事情一件接著一件做，從不留意或感激自己。事實上，除了改變習性或學習新技能時可以增強自己之外，每日生活的努力也應該獲得一些增強，我認爲缺乏增強物是導致焦慮和沮喪的因素。

你可以利用健康的方式增強自己：給自己一小時的假散步去、和朋友聊天或讀一本好書，或者也可以利用不健康的方式：抽菸、喝一杯威士忌、大吃一頓、通宵玩樂等等。

我很喜歡已故美國女演員羅絲．高登（Ruth Gordon）的建議：「演員極需要讚美，如果我撐過一段沒有讚美的日子，我就會自我讚美，它的效果一樣很好，因爲至少我知道這個讚美是眞心誠意的。」

2

塑形法

不打、不罵、不施壓的訓練法

什麼是塑形法？

增強動物已經出現的行爲，讓這些行爲更常發生是很好，但是訓練者要怎麼做才能使動物出現那些牠們可能永遠都不會碰巧出現的行爲呢？怎麼做才能讓狗兒後空翻，或讓海豚躍入圈圈內呢？

狗兒後空翻、海豚跳圈圈或人類投籃都是經過塑形的行爲。塑形法（shaping）是指把一個傾向於正確方向的小行爲慢慢進行調整，每次只改變一點兒，朝最終行爲目標推進，這個過程有個專有名詞——「連續漸進法」（successive approximation）。

生物行爲並非一成不變，因此才有可能進行塑形法，不管動物的行爲是什麼，有時這個行爲在某些方面的表現可能較強烈有力，因此無論你希望塑造出的終極行爲多麼複雜或困難，你都可以利用牠目前已出現的行爲作爲第一步，再一步步建立過渡行爲。舉例來說，假設我想訓練雞「跳舞」，起初我可能會先觀察雞的動作，等到牠每次剛好往左移動時便作增強，很快地我的第一個目標即能達成——雞變得常往左方移動，而且牠的動作不一定每次相同，有時只移動一點，有時做很大的移動動作。接著，我會選擇性地增強較大的往左動作，例如增強牠轉了四分之一圈，當它成爲最常出現的反應時，我可以把增強標準拉高，設定新目標，開始選擇增強雞轉了半圈或半圈以上的行爲。等到雞被塑形到爲了一個增強物可以快速轉完很多圈時，我可能才會認定自己達成終極目標——成功訓練一隻會跳舞的雞。

我們都相當習慣塑形也很習慣被塑形，大致說來養兒育女多半就是塑形的過程，無論是打網球或打字，訓練任何肢體技巧主要都得運用塑形法。當我們試圖改變自己的行爲，例如戒菸、克服害羞或增進理財能力時，我們也常常運用塑形法。

是否能夠成功塑造自己或他人行爲的關鍵，不在於我們多麼精通塑形法，而是我們有多堅持。已故《紐約時報》樂評家海洛．荀貝格（Harold Schonberg）提到一位不算傑出的歐洲指揮家，這位指揮家會爲了音樂會要求樂團排演一整年，因而演出極爲美妙的音樂。因此，幾乎是任何事情，只要投入足夠的時間，我們多數人都能略微精通。

但這麼做實在很無聊，無論滑雪、彈鋼琴或其他事情，我們不都想要盡快學會嗎？我們當然都想這麼做，這時候便需要好的塑形技巧了。此外，我們不都也較喜歡避免或盡量減少重複練習嗎？沒錯，有些肢體技巧當然需要重複練習，因爲肌肉的「學習」速度很慢，必須不斷重複動作，這些動作才變得容易。雖然如此，設計完美的塑形計畫確實可以讓練習次數減到最少，讓每次的練習都有實際成效，大幅加速訓練進展。對於運動、音樂演奏或其他發揮創造力的工作，你可能期盼能有水準一致的演出，也可能希望自己或自己訓練的人盡可能展現最精彩的表演，正確運用塑形法是不可或缺的關鍵。

方法重要，原則更重要

塑形法分為兩個層面：「方法」——各階段發展出來的行為和發展出這些行為的步驟，及「原則」——行為被增強的理由、增強方式及時間點的依循原則。

多數訓練者、訓練書籍和訓練人的老師都只重視塑形「方法」——「照圖示把雙手放在高爾夫球桿上」、「瞄準目標之前先把眼睛對準來福槍上的瞄準孔」、「以順時鐘方向用打蛋器打蛋」，這麼做確實很不錯，通常這類方法都經由許多人多年的嘗試錯誤而發展出來，所以它們一定管用。騎馬時把腳踝放低，就可以坐得更穩；打高爾夫球時，若能塑形出不錯的送桿動作，你的球也許就能飛遠一點兒。若你有興趣學習某項技能（或技巧），我極力鼓勵你盡可能找出訓練這項技能（或技巧）的所有方法——你可以透過書籍、老師和教練，或者去觀察研究他人。

不過，千萬不要忽略塑形法的「原則」層面，有效訓練不只要用好方法，更要用好的塑形技巧才是。依照原則控制何時提高要求、何時放鬆要求、如何以最有效的方式提高增強標準、遇到困難時如何解決，最重要的一點或許是何時應該停止訓練，這些問題一般都由訓練者或教練憑直覺和經驗判斷、隨機去做或完全靠運氣。然而能否成功運用這些原則，便成了「教學勝任」與「教學優越」的差異，也是塑形過程令人愉快、迅速且成功或令人沮喪、緩慢且無聊生厭的差異。

塑形法的十大原則

塑形法有十大原則，有些原則源自實驗證實的心理學法則，有些原則據我所知甚至從未被正式研究過，但任何塑形經驗豐富的人都會自然而然認爲它們很合理：當你違反其中一項原則時，你通常都會知道（雖然往往晚了一步）。

1. 逐漸提高增強標準的幅度不可過大，這樣訓練對象才有不斷被增強的機會。

實際應用這個原則時，它意謂當你提高行爲標準時，你應該把要求定在動物已經可以達到的行爲範圍內。如果你的馬匹能夠跳過兩呎高的障礙，有時還高出一呎，你便可以試著把一些障礙調高到兩呎半，但是把所有障礙都調高到三呎就是自找麻煩，雖然動物有能力做到，但是牠還無法經常出現這個行爲，如果把障礙調高到三呎半，當然肯定是徹底失敗。

無論現在或未來，調高增強標準的快慢與動物的實際能耐無關，不管牠是否是隻可能跳高八呎的長腿大馬，也不管牠是否慣常跳過四呎高的牧場圍欄，調高增強標準的快慢與你透過塑形過程達到的溝通效果有關，如果動物清楚你的增強原則，就可以早點調高標準。

每次調高增強標準時，你便改變了規則，所以你必須讓訓練對象有機會發現：雖然規則改變了，只要牠多費點兒勁表現，仍然可以輕易獲得增強物，而且繼續維持舊標準的行爲有時已經不管用了。然而牠只有在達到新的增強標準時獲得增強，才能夠學會這一點。

如果你把增強標準調得過高，要求牠出現超乎過往能力的行爲——不管牠自己平常是否出現這個行爲——你都是在冒險，因爲牠的行爲可能因此完全瓦解，牠在跳躍過程中也很可能學會不良習慣，例如臨陣拒跳或撞掉跳桿，你必須耗時費力才能根除這些不良習慣。所以塑造行爲最快的方法——有時也是唯一的方法——就是調整增強標準時，調高幅度必須很容易讓動物持續進步，即使每次進步只有一點點，持續的進步仍然比強求快速進步、可能失去所有良好表現的冒險作法更能快速達到你的終極目標。

我曾經見過一位父親犯下這種嚴重錯誤。他青春期的兒子功課很差，於是他沒收了兒子最愛的機車，等到功課變好時才會還他。他兒子眞的因此努力唸書，功課日漸進步，從不及格進步到丁等，又從丁等達到丙等。但是，這位父親不但沒有增強他的進步，反而認爲進步不夠，繼續禁止他騎車。這個突然提高標準的要求太困難了，最後他兒子完全放棄唸書，而且變得非常不信任人。

2.每次只針對行為的某項特性進行訓練，不要企圖同時塑形兩項特性。

我的意思並不是指在同一段練習時間內不能訓練多種不同行爲，這當然可以。在任何一種課程裡，我們可能先練習動作，然後再練習速度；以網球練習爲例，我們可能先練習反手拍，然後再練正手拍，之後再練習步法及其他，這麼做可以減少單調無聊的情形。好的指導老師會一直變化練習項目，當一項有些進步之後就換到下一項。

不過，訓練每項行爲時，你應該每次只針對一項增強標準作練習。假如我想訓練海豚濺水，這次因爲水濺得不夠高而不給增強物，下次又因爲牠濺錯方向而不給，海豚將因此無法領悟出我到底希望牠做什麼。一份增強物無法傳達兩種訊息，我應該先對濺水的高度進行塑形直到滿意爲止，然後再針對濺水的方向（不管濺水的高度）進行塑形，直到牠學會了濺水的方向。等到兩項增強標準都能個別達成之後，我才能要求牠同時達到這兩項標準。

第二條原則有很多可以實際運用的地方，如果一件事可以分解成個別的小單元，然後再針對每個小單元各自塑形，學習的速度將會加快許多。以高爾夫球的推桿進洞爲例，這個動作取決於球推出後的適當距離，不可太短、不可太長、不可從洞口經過或跳過，而且推桿的方向必須很正確，沒有偏向洞口的某一邊。如果想教自己推桿，你或許可以在草地上拉起一條幾呎長的膠帶，先練習從兩呎處推桿，讓球壓過膠帶就停下來，再從四呎、六呎、十呎處推桿，依此類推；你也可以把膠帶貼成一圈，從一定距離練習瞄準圈圈推桿，再逐漸把圈圈縮小，直到能夠穩定打中非常小的標的物爲止。等到自己對推桿距離和方向控制技巧都很滿意時，再合併兩項同時練習，先使用大標的物並變化距離，然後縮小標的物並改變距離，直到能夠從不同距離打中小標的物爲止。最後才加入新項目的增強標準（例如往上坡推桿），但是每次只加入一個。

如果你投入的心力夠多，以及個人的眼手協調夠好，這樣一來，你的推桿技巧會變得很棒或甚至技藝超群。任何打高爾夫球的人只要按照這種單一目標的塑形計畫練習幾個週末就會有很大的進步，這好過整個夏天漫無目標地練習，只期待每一球剛好打出適當距離和方向。

我們學習技能時經常遇到無論練習再多似乎都無法進步的情形，其實原因在於我們老想一次同時修正很多地方，這樣的練習並沒有塑形作用，而且一直重複動作或許能夠進步，但也可能輕易增強錯誤的地方。你必須思考，這個行爲的特性是否不只一項？能否把這個行爲分解成更小的動作，再依各項特性個別訓練？當你注意到這兩件事，許多訓練的問題自然會迎刃而解。

3. 進行塑形時，先「變化性增強」目前符合增強標準的行為，然後再提高增強標準。

許多人至始至終就反對在訓練時使用正增強物的概念，他們認爲這麼一來，他們可能一輩子都得給零食才能獲得好行爲。但事實正好相反，利用增強物的訓練方法其實可以使你解脫，不再需要時時留意這個行爲是否發生，這是「變化性增強」發揮的作用。

變化性增強的意思是指一個行爲有時會被增強，但有時不會，當我們教導行爲時，我們通常採取無變化增強時制，意思是我們增強所有符合要求的行爲，但是如果我們只是想要維持行爲的出現，我們偶爾才會給予增強，例如一旦建立起分擔家務模式後，你的室友或配偶回家時可能會順便去拿乾洗衣物，不需要你每次都給他增強物，但是遇到你生病或天候不佳讓他特別多跑一趟時，你便可能需要表達一下謝意。

然而，當我們利用厭惡刺激作訓練時（多數人剛開始訓練時都會這麼做），我們通常會學習到一個原則：每當動物出錯或行爲不佳時務必進行糾正，如果不這麼做的話行爲就會越變越糟。許多狗兒被牽繩牽著時，因爲可能會被猛抽處罰而表現得很乖，但是只要一放開牽繩，牠們的行爲就變得極不穩定。許多青少年和朋友出去時會做一些不敢在父母面前做的事，這是因爲他們完全明白在什麼環境下處罰不會出現，這就是「閻王不在，小鬼作怪」的道理，可是這也是以厭惡刺激作訓練時的副作用之一，既然處罰意謂「不可以這麼做！」缺乏厭惡刺激的意思就是「現在可以做了！」

相反地，正增強的訓練方法不僅不必一輩子增強每個正確反應，而且在學習過程中還必須偶爾忽略反應不作增強。爲何會如此呢？

塑形法的重點在於選擇性增強某些反應，如此一來動物的反應才會一點一滴地改善，直到達到新目標。所有行爲都非一成不變，當預期出現的增強物被跳過省略時，接下來出現的行爲將會有些不同，因此偶爾省去增強物的作法可以讓你挑選出表現較強烈或較佳的反應，這種作法稱爲「區別性增強時制」（differential schedule of reinforcement），只選擇某類反應作增強，例如增強符合較快、較長或面朝左等等要求的反應。

但是對經驗不多的學習者而言，牠原本一直能夠獲得預期的增強物，現在卻突然得不到了，這個情況可能讓牠大感吃驚；例如你的幼犬坐下來，你按下響片就給零食，牠坐下的動作越來越迅速，也出現越開心的樣子——「你看！我坐下了！按響片吧！」突然間，有時候坐下卻不管用了！如果你的幼犬尚未學習接受偶爾不會出現增強物的狀況，牠很可能會失望地放棄，或者退步回到原來表現較差或較爲遲疑的反應。

雖然討論行爲學習的教科書並未提及這個作法，但如果你正訓練一個毫無經驗的學習生手，在你開始挑選更強烈或更佳的反應之前，事先刻意教導牠學習容忍增強時制的小小變化將會很實用。你的訓練對象必須能夠容忍你偶爾出現的「失誤」才不會完全不反應，或者以專業術語來解釋，這代表你必須先建立起變化性增強時制，然後才能藉由區別性增強時制增強較佳的表現。

九〇年代時，我在訓犬講座裡把變化性增強時制（短期使用的間歇性增強時制）稱爲「買一送一」（twofers，百老匯行話），作法是讓狗兒做兩次動作，例如讓牠以鼻子碰標的物兩次，才按響片給賞，這樣可以讓動物學習容忍間歇性增強時制，讓當前行爲及日後的其他行爲更不容易消失。

在學習階段短期使用這種間歇性增強時制有另外一個好處，如果你的訓練對象能夠容忍偶爾不給增強物的情形，當你不增強某個原本足以增強的行爲時，學習者不但會重複這個行爲，而且第二次的行爲很可能會更爲劇烈。「嘿！我做到了，你沒看到嗎？你看，我又做了一次！」這個加劇後的行爲稱爲「消弱突破現象」（extinction burst），可以讓你更快達到目標行爲。精通塑形法的人爲了激發更不同或更強烈的反應，甚至可能刻意不給增強物，犬類行爲學家蓋瑞．威爾克斯（Gary Wilkes）稱此技巧爲「藉機利用消弱突破」。

當訓練對象學習到增強物跳過一次沒給並不代表行爲做錯了，只是代表牠可能需要再試一次時，塑形過程便由連續增強時制（continuous reinforcement，新行爲剛出現時使用）轉爲區別性增強時制（挑選更好的動作、更長的時間、越快達成行爲的反應等等），然後再轉回連續增強時制（當「完美」行爲出現時，專有名詞稱此爲「符合增強標準」的行爲），這時已沒必要故意採取間歇性增強時制，因爲訓練對象已經能夠忍受變化性增強時制了。

最後，當行爲的各項特性都達到滿意程度時，它通常已經變成動物能夠自然出現的行爲之一。你可以要求這個行爲成爲其他更複雜行爲的一部分，把標準動作、速度和距離等等都融合成一個大行爲，好比參加賽跑、執行任務或進行每日活動，這個大行爲即成爲受到增強的行爲，這時你可以將它轉爲間歇性（或維護性）增強時制，只要偶爾按一下響片或說聲「謝謝！」即可維持行爲的流暢表現。高頻率正增強方式（訓練初時可能經常按響片給食的頻繁動作）這時就可保留起來，等到訓練新行爲時再行運用。

4. 針對某項行為特性採用新的增強標準時，暫時放寬其他特性的舊有增強標準。

假設你正學習打迴力球，每次都能成功地把球打向目標方向，接著你想練練球速，但是當你用力揮拍時球就亂飛，這時候，你先別理會球的方向，只要用力揮拍就好，在你擁有一些控制球速的能力之後，球很快就會恢復正確方向。

學過的東西不會被忘記，但是處於吸收新技能的壓力下，原來已學習很好的行爲有時會暫時瓦解。有一次我在某歌劇的首次著裝預演時，看見指揮家因爲合唱歌手連連唱錯而大發雷霆，他們好像全然不記得自己辛勤練習之後的歌唱成果，這是因爲他們第一次穿著厚重戲服、站在梯子上，而且必須邊動邊唱的緣故；適應新要求的過程暫時干擾先前學成的行爲，等到預演快結束時，他們的音樂學習能力又重現了，並不需要有人從旁指導。海豚訓練師稱這種現象為「新水池症候群」（new tank syndrome），當海豚移入新水池時，你可以預期牠會「忘記」所有牠知道的行為，直到牠「吸收」了這個新刺激為止。在新情境下，如果你因為訓練完成的行為出錯而苛責自己或其他人（或其他動物）時，這便是很糟的訓練方式。這是非常重要的概念，通常此類錯誤可以很快自我更正，但是斥責容易導致情緒不安，而且有時容易被聚焦在錯誤上頭，使得錯誤更難改掉。

5.永遠搶得先機。

進行行為塑形時，必須事先完善計畫整個行為塑形過程，這是為了確保當動物突然大幅進步時，你仍知道下個要增強的動作是什麼。我曾經花兩天時間塑形一隻剛捕捉到的海豚跳過一根高出水面幾吋的橫桿，當這個行為訓練得很好之後，我把橫桿調高了幾吋，牠不但立刻跳了過去而且輕而易舉，很快地我把橫桿越調越高，這隻剛學習跳躍的動物在十五分鐘內已經能跳高到八呎。

這類「突破性」的塑形表現隨時可能發生，在人類身上當然也看得到這種現象，許多高智商的動物身上也不例外，我相信這是一個內在覺醒的例子，人或動物突然對自己被要求出現的行為恍然大悟（以上例來說，是跳得更高一點兒），於是便照做了。虎鯨以能夠達到塑形目標的能力而著名，虎鯨訓練師開玩笑地說：「只要把行為寫在黑板上，再把黑板放在水裡，虎鯨就會按表操課，完全不需要訓練牠們。」

當訓練動物突然出現大幅進步時，訓練者可能因此措手不及。原本打算要從A行爲訓練成B行爲，可是動物只經過兩次增強就突然表現出完美的B行爲，這時訓練者心中最好已經先有個底，知道接下來要做C行爲和D行爲，否則你將會不知道接下來要增強哪個行爲。

對訓練對象而言，行爲的突破常是件令人興奮的事。動物似乎也很喜歡「啊！我知道了！」的感受，而且牠們常會衝來衝去，表現出興高采烈的樣子。因此行爲出現突破時便成爲能夠迅速大幅進步的黃金契機，如果自己未作好準備，不知道接下來該做什麼，使得動物一直維持在低水準的表現，除了浪費時間之外，最嚴重的傷害可能是使動物打消動機或感到厭煩，於是牠將來工作的意願便會降低。

除了一些極佳的環境外，學校系統的規劃目的似乎是用來阻礙兒童的個別學習，它不僅不利沒有足夠時間學習的遲緩兒，也不利快速學習的聰穎孩子，當這些孩子的靈活思考加速學習時，他們並不會獲得額外增強。他們只要一眨眼即了解數學老師所講的東西，但他們獲得的獎勵卻可能是爲時數小時或甚至數週難捱的無聊時光，等待其他人一點一滴慢慢完成學習，難怪這些聰明或遲緩的孩子覺得到街頭混日子有趣多了。

6. 塑形中途不可更換訓練者。

塑形過程當中撤換訓練者將冒著讓進度變慢的風險，不管移交時多麼仔細討論過增強標準，但每個人的要求標準、反應時間以及期望進步的程度一定都有些許差異，訓練對象在適應這些個別差異之前，最終影響就是使動物喪失被增強的機會，在某種程度上這也是一種「新水池症候群」。

每個訓練對象當然可以有多位不同的老師，由不同老師教授法文、算術或足球並不會有什麼問題，但是學習單一行爲時，在塑形期間（或半知半解的期間），逐步提高的增強標準最好能維持一致性，每次必須由同一位老師負責塑形某一個行爲。舉例來說，家中若有兩個孩子和一隻狗，兩個孩子都想教狗兒把戲，你可以讓他們去教，但是他們得教不一樣的把戲，免得可憐的狗兒困惑不已。

有心向學的人即便在最糟的環境下也能學習。美國哥倫比亞大學曾進行一項廣爲人知的「猿類語言」實驗，它教導猿類使用美國手語的字彙及其他暗碼訊號，學習對象是一隻名爲「尼姆．青布斯基」（Nim Chimpsky）的幼猿。由於預算拮据及其他種種因素，這隻可憐的動物在三年期間經歷了上百位手語老師，實驗人員和學生都失望不已，他們並沒有找到尼姆眞正使用語言的確切證據，也就是說牠顯然不曾造句，不過牠的確學會辨認並理解三百個以上的手語訊號（名詞和動詞等等）。我認爲尼姆處於這種狀況仍有此表現已經令人驚嘆，而且同樣讓人驚訝的是，一些不斷轉學並且歷經無數代課老師來去的學生也能夠學習，可是這並不是很好的作法。

塑形中途換人訓練應該只有一種必要的情況，當然就是在訓練持續停滯不前的時候，若原本幾乎沒有形成任何學習，換人也就不會有什麼損失。

7. 當某個塑形方法沒有進展時，改採用別的方法。

無論什麼行爲，只要訓練者動動腦筋，塑形出這個行爲的方法不勝枚舉。拿教小孩游泳爲例，如果目標是希望他們沉入水裡的時候不會害怕、很自在，有些老師進行這個塑形任務的第一步時，可能會讓他們在水中吐泡泡，有些老師則讓他們很快把臉浸入水中便馬上起來，而有些老師可能會讓他們在水中跳上跳下，直到他們敢跳起來再沉入水中。好的老師在訓練時如果看見有個孩子對某個方式感到無聊或害怕時，他會改換方式，同一個塑形方法不一定對每個個體都管用。

馬戲團訓練師之類的傳統訓練師常忽略這一點，他們的塑形方法大都經過多代琢磨、世代家傳——教熊騎腳踏車就是得這樣，教獅子吼就是得那樣。這些傳統「秘技」已被視爲最好的方法，雖然有時這確實沒錯，但是也因它們常被視爲唯一王道，馬戲團表演因而老是看來差不多。

美國廣播電視名人亞瑟·戈弗雷（Arthur Godfrey）曾到海洋生物世界錄過一集節目，他邀請我到他與妻子在維吉尼亞州的牧場作客，參觀那裡的馬術訓練。戈弗雷的騎術和訓馬技術精湛，並且擁有多隻表演用馬匹。我們觀看一隻馬兒以傳統方法訓練「敬禮」（彎折一隻前腳，前半部身體往下趴）的過程，動用了兩名男子以及多次套索和鞭打的動作，馬兒在這種訓練之下不斷被迫彎折前腳，直到牠學會自行彎起前腳往下趴爲止。

我告訴他們沒有必要這麼做，聲稱自己不必碰到馬兒也能訓練牠敬禮（一種可能的方法是，在牆上放個紅點，利用食物和標定訊號塑形，訓練馬兒以膝蓋碰紅點，然後再逐漸把紅點移近地面，如此一來爲了準確碰到紅點，馬兒即必須折起前腳趴下才能獲得增強）。這個無禮的建議引起戈弗雷盛怒——怎麼可能有這種說法！如果有其他訓練敬禮的方法，他怎麼可能不知道！他氣惱至極，我們得把他帶到穀倉外頭來回走個兩三趟他才慢慢冷靜下來。

令人驚訝的是，人們對於不管用或成效不彰的方法極爲頑強堅持，他們一心相信，同樣的方法只要多做幾次就會生效。行爲分析研究先驅莫里·西德曼博士主張「訓練時最重要的是理解訓練原理，而非只是學習方法」，主要理由在於，每個人都自有「方法」，但是眞正管用的方法都得遵循訓練原理。

8.不可無故中止訓練，這麼做將形成一種處罰。

這項原則不包括平常在家裡臨時起意（但仍具意義和成效）的塑形行爲——稱讚學校作業、歡迎返家的人、鼓勵孩子等等，這種非正式的塑形行爲有時增強這裡、有時增強那裡並沒有關係。然而在較正式的情況下，例如授課或塑形出動物的某個行爲時，在訓練時間結束之前，訓練者應該專注在訓練對象或課程上，這不只是禮貌或良好的自律行爲，它也是一種絕佳的訓練技巧。當訓練對象試著獲取增強物時，牠與訓練者已有了一個協定，如果這時候訓練者開始與路人閒嗑牙、接電話或做白日夢，這個建立起來的協定便被破壞了，增強物停止出現並非由於訓練對象犯了錯，這種作法造成的傷害可能遠比訓練者單純錯失增強好時機更加嚴重，它可能處罰了一些當時出現的良好行爲。

當然，如果你想向訓練對象表達責備之意，「移除注意力」會是個好方法。海豚訓練師稱此爲「暫停時間」（timeout），用來糾正錯誤行爲，把裝魚水桶拿起來離開一分鐘是少數幾個用來對海豚表達「不行！」或「錯了！」的方法之一，而它通常非常有效，你可能不認爲海豚會有懊惱或悔悟的樣子，但是牠們眞的有。移除注意力是很有效的工具，所以不要草率濫用或不當使用。

9.如果行為越表現越差，請回顧所有塑形的步驟。

我們都知道在多年荒廢之後再度嘗試說某種語言、背誦某首詩或騎腳踏車時那種非常不安的感覺。有時外在因素會暫時使熟練的行爲消失，例如上台緊張而無法好好講出背得很熟的演講詞，或是跌倒而嚴重影響攀岩能力。有時候後續學習的東西遮蔽掉原來的學習或者與其牴觸，因而出現混合出現的情況，例如你努力想說出某個西班牙文單字，但卻說出德文。

有時處罰或其他不好事件的副作用會干擾不相干的行爲。身爲律師的愛犬人士摩根·史貝克特提及有次服從競賽時，每隻上場比賽的狗兒都避開某個特定賽場角落，哪裡藏有什麼不好的事嗎？只有那些狗兒才知道答案。

有時顯然已經訓練良好的行爲仍會變得很差，而且永遠找不到原因。你的狗兒在服從競賽中一向表現傑出，但這次牠竟然在三分鐘坐下等待的比賽項目中起身，遊蕩到賽場外頭。誰知道原因？有人在乎原因是什麼嗎？這種時候，你需要的不是合理的理由，而是有效的解決方法。修正這類退步最快的方法不是硬碰硬，不應堅持訓練對象的行爲一定得完全回復到令你滿意爲止，也不應堅持牠得在完全回復後才予以增強。正確的作法應是回想所有塑形的過程，並且很快地重新經歷所有塑形步驟，到新情境（二十年後、在公共場所、在雨中等等）中進行增強，每個步驟只要增強一兩次就好。我們在海洋生物世界把這個技巧稱爲「回到幼稚園程度」，它常能在十或十五分鐘內把表現不佳的行爲拉回原來的水準。

考前複習功課或上台前翻翻劇本臨陣磨槍正是這麼做，這種方法多少重複了原本的塑形過程，讓身心都獲得複習，應用在動物或人身上都一樣好用。

10. 在訓練進展很好時停下訓練。

每次塑形訓練應該多久？答案取決於訓練對象的專注力。貓咪似乎在十多個增強物之後就會變得煩躁，所以訓練五分鐘可能已經算是相當久，訓練狗兒和馬匹可以久一點，許多人類課程大都在一小時左右，足球練習、研究生研討會和其他不同訓練則可能全天進行。

結束訓練的「時機」比停止訓練的「時間點」來得重要，你永遠都應該在訓練進展很好時結束訓練，不但每回訓練都應該這麼做，而且每回訓練到不同階段（將改換訓練下個行爲時）也應該這麼做。你應該在訓練進展不錯時就告一段落——也就是說，只要達成了一些進步就停手。

最後達成的行爲會記得最清楚，所以你必須確定最後一個行爲是值得增強的好表現。但通常我們見到三、四個好反應時，例如狗兒完美拾回指定物件、跳水員第一次完成轉體一圈半動作、歌者唱好了一段難唱的歌曲，我們常會興奮過頭而想一看再看或一做再做，所以一次又一次地重來，設法重現佳績。但這只會很快讓訓練對象疲累、行爲變差、不斷出現錯誤，接著就是糾正和破口大罵，最後搞砸了訓練。業餘騎師最常這麼做，我很討厭觀看馬術跳高練習，因爲當馬匹表現優異時他們常常不會結束練習、見好就收，常常繼續練習到馬匹開始越跳越糟爲止。

身爲訓練者，你得強迫自己見好就收，這需要有些膽識才做得到。你可能因而在下次練習時發現，拾回、翻滾跳水或獨奏的表現不僅和上次結束練習時一樣好，而且表現顯然更佳，事實上你可能一開始進行練習，訓練對象的表現即比上回結束練習時更好，於是可以立即針對一些進步作增強。

當然，行爲的塑形與不斷重複操練的作法完全相反，它不但可以產生穩定的進步，而且也是一種絕對不會犯錯的訓練方式。它的訓練進展可能極快，我曾經訓練一隻一歲迷你馬配戴馬勒，從開始到結束只花了十五分鐘，而且牠從此不需重新訓練配戴，我的作法只是輪番塑形五個動作（往前、停步、往左、往右和往後），並且增強每個動作的進步。要達成如此迅速訓練成效的方法似乎有違常理，它取決於你是否肯放下時間壓力、特定設定目標和要求迅速進步的訓練目標，完全看你肯不肯見好就收，這種過程很類似禪修。

有時候，你無法在每次訓練時都挑高點結束，或許學生付了一小時的學費，所以要求必須上一小時的課，較好的結束時機可能已經過去。或者這回訓練並不順利，沒有較好的表現，而且即將出現倦怠的問題，此時聰明的作法是在結束訓練之前給訓練對象一些一定可獲增強的簡單練習，讓他們記得這次練習整體使他們獲得了增強；海豚訓練師常在結束困難且漫長的訓練後，作一些簡單的玩球練習，騎馬課老師有時會玩「老師說……」或「捉鬼」遊戲，但最不推薦的作法是在訓練快告一段落時才開始介紹新的任務或新的資訊，使結束之前出現一連串表現不佳、未獲增強的行爲。小時候我的鋼琴課總是這麼結束，非常令人喪志，我現在仍然不會彈鋼琴。

從訓練遊戲開始

即使你知道塑形的原則也對它有所了解，除非自己進行塑形練習，不然還是無法應用它。塑形不是一個用口頭描述的過程，而是非口語的技巧，是一連串必須花時間進行的互動行爲，有如舞蹈、作愛或衝浪，無法藉由閱讀、想像或討論而習得，你必須實際行動。

「訓練遊戲」是發展塑形技巧時既簡單又很棒的方法。我透過訓練遊戲教授訓練技巧，許多訓練師把它當成娛樂，它也可以成爲很有趣的派對遊戲。

訓練遊戲至少需要兩個人一起玩：一個當訓練對象，另一個當訓練者，六個人是最佳人數，因爲每個人在大家玩累之前都至少有一次機會訓練人或被訓練，不過人數更多的團體（例如一班學生或一群演講聽眾）也可以玩，因爲在旁觀察的樂趣幾乎不遜於參與。

首先，先讓訓練對象出去，由其他人選出一位訓練者及要塑形的目標行爲，例如在黑板上寫下某人名字、上下跳動或站在椅子上，然後把訓練對象請回來，告訴他要四處走動，活躍一點，訓練者則以吹哨子的方式增強任何稍微接近目標行爲的動作；我喜歡加上一條規則，要求訓練對象至少在開頭前幾次被增強之後必須回到門口重新來過，這樣可避免訓練對象一動也不動，杵在最後一次獲得增強的地點。遊戲中不能說話，但可以出現笑聲、抱怨的哼聲或其他情緒表現，達成行爲之前不得出現任何指示或討論。

訓練遊戲通常進行得相當快，以下是一個範例：我們有六個人在朋友家客廳玩這個遊戲，羅絲自願當被訓練的動物，輪到安妮當訓練者，羅絲走出客廳，我們大家決定要她打開放在沙發旁邊的一盞桌燈。

羅絲被叫回客廳，開始四處亂晃，當她朝著桌燈的方向走時，安妮便吹響哨子。羅絲回到「起點」（門口），然後又故意回到她剛才被增強的地點停下來，哨子沒響，她隨意揮動雙手，哨子沒響，她試探性地離開，走向恰與那盞燈的方向相反，仍然沒聽到哨子響，羅絲開始四處亂走，等到她又朝著燈的方向走時，安妮吹了哨子。

羅絲回到門口，然後返回她剛剛聽到哨子的地點，但這次她繼續往前走，賓果！哨子響了，她沒有回到門口，繼續再走幾步之後，當她剛好走近桌子時哨子響了，她停下來，身體碰一下桌子，哨子沒響，她把手揮來揮去，哨子沒響，她用一隻手掠過燈罩，安妮吹了哨子，羅絲開始在燈罩上摸來摸去——把它動來動去、轉一轉、前後搖一搖，都沒有哨聲，羅絲把手伸到燈罩下方，哨聲響了，羅絲再次把手伸到燈罩下方，這是個非常熟悉的動作，而且也是個目的性的動作，她打開桌燈，安妮吹了哨子，我們其他人立刻鼓掌。

不過即使是簡單熟悉的行爲，有時也不一定會這麼順利。在羅絲離開第一次被增強的地點而朝反方向走掉時，安妮沒有給予增強是個很好的訓練判斷，然而假如羅絲接下來回到同一地點，卻只是站著不動，安妮可能就會遇上問題了。

以下是訓練遊戲出現較多問題的一個例子：我到一個高中班上玩訓練遊戲，由李奧當動物，貝絲當訓練者，目標行爲是打開牆上的天花板燈光開關。

李奧進來教室後開始四處移動，貝絲很快利用塑形使他來到開關所在的那面牆，然而李奧開始把雙手放進口袋，貝絲加強李奧雙手在口袋動來動去的動作多次之後，他就一直把手放在口袋裡不拿出來了，他以身體輕撞牆壁，轉身倚在牆上，甚至倚在開關上頭，但是他似乎看不見開關的存在，而且兩手一直沒拿出口袋。

我在觀看時心想，只要可以引導李奧伸出一隻手去摸牆，他就會注意到開關，並把燈打開，但是怎樣才能讓他把手拿出來呢？貝絲另有打算。當李奧背對牆面時，她利用哨聲「捕捉」到他彎膝的動作，很快塑形出他用背部上下摩擦靠近開關的牆壁範圍，其他學生發出咯咯笑聲，他們明白貝絲只要讓李奧轉爲左右摩擦就能以背部打開開關，於是這個雖非刻意的動作即可意外地達到要求，但是它花了很久的時間，我們看得出來李奧變得挫折又氣惱。

瑪莉亞問道：「可以讓我試試嗎？」貝絲以眼神詢問我的意見，我聳聳肩，同學似乎也默許。瑪莉亞拿出自己的哨子（自備哨子是這堂課唯一的要求），她向李奧揮手，示意要他回到門口的「起點」，然後把一張椅子放在約離牆一呎遠、靠近開關的地方，她坐在椅子上，點頭示意李奧開始。李奧很快走向他剛才被增強多次的牆壁，他從瑪莉亞身旁經過時，顯然故意無視她的新位置，而瑪莉在他行經時把腳伸出來絆倒他。李奧爲了避免跌倒，把手從口袋裡迅速抽出來撐在牆上，在他手碰上牆壁的同時哨聲響了，李奧當場愣住，他看著瑪莉亞，她則凝視著他和牆面之間的空間，以免給他任何暗示。他開始試探性地拍拍牆面，她予以增強，他又拍一下牆面，這次他看著自己正在做什麼，她增強了這個行爲，然後我們看見李奧突如其來地專注看著那個開關，所有人屏息靜待，他把腰桿子挺直了一點兒，突然完全意識到似地，把燈打開了，全班予以哄堂掌聲。

玩訓練遊戲時的每位在場人士，無論是參與者或觀看者，幾乎都可從每次的增強學到東西。首先，訓練者學習到抓準時間點的重要性，假設動物朝著開關靠近了，可是當訓練者吹哨子時他已轉身走開，由於訓練者太慢反應，只好等下次再加油。但是現在「動物」

回到起點，急急地朝著開關靠近，然後又突然轉向離開，哎呀！訓練者塑形出來的行爲竟然是突然轉向，不單是訓練者，所有的人都看得到——早點吹哨子、並在行爲實際發生當下吹有多麼必要。

訓練對象會發現，以這種形式學習時多想無益，腦子想什麼並不重要，只要不斷動來動去，多讓哨聲出現，你的身體不需要「你」的協助也能發現應該做什麼，這對聰明的人絕對是很難忍受的經驗。通常他們聽見哨聲時會定住不動，設法分析剛才做了什麼，「不知道該做什麼」和「不知道也沒關係」的概念令他們大感驚懼。我和一位同儕雪瑞·吉須（Sheri Gish）曾經聯手訓練心理學家雷諾·休士坦門（Ronald Schusterman），讓他把雙手握拳放在背後、在房裡走動長達一分鐘，在這麼久時間裡都沒獲得增強確實很難捱，不過他非常努力——直到所有人都同意我們已經把這個行爲完全訓練完成，全場爆出掌聲（這恰是訓練者的增強物，而且幾乎都會自發出現）；雷諾進行研究時曾訓練過許多動物，他也曾輕率大發厥詞，說自己「無法被人訓練」，但他沒有意識到自己現在已被塑形出現雙手握拳放在背後的行爲，它已不再只是表達意見的潛意識行爲。

這個例子說明的並不是加強式訓練具有某種玩弄設計的特質，它顯示我們慣常出現的錯誤假設有何危險之處——我們誤以爲口語溝通最爲重要，而且以爲如果沒有語言或至少意識到一些口語即無法學習。非口語的學習經驗對於經常以口語指導他人的專業人士（如老師、治療師或主管等）尤其有用，一旦親身當過「動物」之後，對於那些出現塑形行為、但尚未理解該做什麼而容易出錯的訓練對象，你將能夠心生體諒，甚至心有戚戚焉。當動物（小孩或病患）很有自信做對卻猜錯時，牠可能爆發挫折及怒氣，人類甚至可能因這種意外的失落落淚，此時你也將能夠以耐心面對。此外，在你與成年人進行過這種非口語的塑形練習之後，現實裡遇到教學或訓練情境時你將不再輕易脫口而出指稱你的訓練對象（無論是動物或學生）「討厭我！」、「故意惹我生氣！」、「很笨！」或「今天一定生病了！」因為在這個練習當中雙方顯然都同意參與，也有意願參與，所以不管出了什麼問題，它所指向的是訓練，而不是訓練對象。

訓練遊戲對專業人士的啓發是它的部分樂趣（在場其他人能同時理解到你的內心想法——你藏不住的，但是從另一方面來看，所有人雖被逗得很樂卻也對你大表同情）。這個遊戲迷人的娛樂之處在於它不需經驗也能玩，有些人天生就是箇中好手，依我的經驗，最能直覺反應、創造力高且情感強烈的人是塑形好手，而冷靜且觀察力強的人則是最棒的「動物」，可能與你的預期恰恰相反。最後，整個屋裡的人一心想繼續看著塑形進行，除了訓練對象以外，所有人動也不動地，訓練者也全身全神專注在塑形上，只要看看他們就可以知道塑形有如畫畫或寫作，是一種發揮創造力的過程，除了戲劇演出之外，創造力極少是種集體分享的經驗，單是這一點便足以使「訓練遊戲」彌足珍貴。

我們在海洋生物世界玩過一些難忘的訓練遊戲，尤其有一次哲學家葛雷格里·貝特森擔任動物，由海豚訓練師訓練他，結果證實訓練他實在不可能，原因不是他站著不動或想得太多，而是因爲他出現太多不同的反應，令訓練者無法招架。另一次讓我覺得非常有趣的經驗發生在六名職業婦女的小型午餐會後，我們多半互不相識，而且來自極不相干的領域，玩過兩個小時的訓練遊戲之後，我們證實其中一位心理治療師是很棒的動物，一位迪斯可舞者則是天生的塑形好手，我們離開時都更了解彼此，而且也非常喜歡彼此。

一九八〇年，我在紐約市布利爾利高中（Brearley School）教過一個實驗課程，訓練一群高中生。我們上課時玩了訓練遊戲，六名想像力天馬行空的年輕女生死黨開始在家裡一塊兒玩，她們通常兩兩成對玩，塑形出諸如後退著爬上樓梯的怪異行爲。我認爲這些高中女孩已經成功學會如何分析思考，她們每次塑形前後都認眞作過周延思考，而且塑形時全心投入十六歲孩子正常出現的熱情。沒多久，她們開始塑形父母的行爲、給予老師正增強，並且使討厭的兄弟姊妹轉變爲有趣的同伴（作法是選擇她們喜見行爲予以增強），我從沒見過任何一群人（在她們之前或自她們之後）這麼快即學得了塑形技巧及應用的可能性。

塑形捷徑：標的法、模仿和模擬

專業訓練師使用許多技巧以加快塑形速度，其中三個對你可能會很有用：標的法（targeting）、模仿（mimicry）和模擬（modeling）。

■標的法

標的法廣泛用於海獅和其他表演動物的訓練，作法是塑形動物以鼻子去碰觸「標的物」——可能是棒子的圓端，或者也常用訓練者的拳頭，然後再移動標的物，讓動物跟隨它、碰觸它。你可以引發各式各樣的其他行爲，例如爬樓梯、跳起來、以後腳站立、跟隨訓練者、進出運輸籠等等，當我們拍拍大腿引狗兒靠近時，我們基本上就是利用標的法，這個動作似乎對狗兒有吸引作用，當牠們靠近時，我們以拍撫增強這個行爲。

拍拍沙發邀請別人坐在身邊是一種標的法，日本旅客在高大人群間保持不脫隊的方法是跟隨一支高過人群頭頂的領隊小旗子，這也是一種標的法，戰場旗幟和橫布條傳統上即爲同一用途。標的法已經成爲增強訓練新領域——「響片訓練」的重要技巧，並應用在狗兒、馬匹和動物園動物訓練上。

模仿

有些動物和鳥類天生就會模仿，人類也一樣，各類年幼動物學習必備知識的方式就是觀察年長者的行爲，並且起而效之。雖然心理學家常將「觀察學習」視爲動物具有高度智力的表徵——靈長類擅長此類學習，但其他一些動物則很差。我認爲一個物種的模仿能力反映出牠的生態（即牠在自然界扮演的角色），而非智力本身的高低，有些鳥類模仿行爲的能力出奇地好，例如英國山雀（Titmice）學會打開放在門口台階上的牛奶瓶，再把上層的奶油喝掉，這個技巧透過模仿快速傳遍了山雀族群，以致於牛奶瓶蓋必須重新設計才行。

許多狗兒都沒有很好的觀察學習能力，當牠們出現其他狗兒的行爲時，這通常是因爲牠們對同一個刺激出現反應，而非模仿的結果。相反地，被心理學家評爲智商低於狗兒的貓咪大都具有很棒的模仿能力，英文通俗用字"copycat"（模仿者）可不是個意外，如果你教會家中一隻貓把戲，例如搖鈴叫人開門，你不必訓練新來的貓咪或其他貓咪，牠們也可能學會這麼做。貓咪甚至會模仿貓以外的動物，有天晚上我女兒花了一小時使用火腿塊作爲增強物，訓練她的貴賓犬坐在一個兒童搖椅裡搖，其中一隻貓一直看著，當訓練結束時，那隻貓自動自發地跳上椅子，作出最正確的搖動動作，一邊抬起頭等待牠的火腿塊，牠當然是受之無愧囉！

我認為這種強烈的模仿傾向，解釋了貓咪為什麼老愛爬上樹卻下不來的狀況。往上爬的行為多少有些自發性，生物學家稱之為「天生」行為，爪子伸出腳掌，貓就飛快爬上樹去了，不過爬下樹時牠必須以倒退方式下來，這樣牠下彎的腳爪才能派上用場，而這個動作似乎是種習得技巧。我可以為此作證，因為我曾經有過親身經驗（時間是半夜，地點是梯子的最高處），塑形一隻貓咪倒退下樹的行為，因為我不想將來得聽貓咪下不了樹時的悽慘叫聲。貓咪果真維持了這個塑形行為，牠從此不再有無法爬下樹的時候（雖然牠仍繼續爬樹）。我認為大自然裡的貓咪與母親一起爬樹時，會透過觀察母親學會轉過身倒退下樹，但由於牠們自母親身邊被帶走的年紀往往都極小（六至八星期大），以致喪失了模仿的機會。

海豚具有模仿彼此的強烈傾向，這使得訓練變得容易些，若要讓多隻海豚出現相同行為，先把一隻海豚的行為塑形出來，然後待其他海豚試圖模仿時再予以增強即可。圈養的幼海豚常在能夠進食魚兒獎勵以前即學會成年海豚所會的把戲，許多海生館的經驗是讓「替身」海豚在一旁觀察其他海豚的表演，牠們已被證實能夠藉此學會表演的動作，甚至不需增強或實際練習，對野生海豚而言，這種能夠模仿其他海豚的能力顯然具有攸關存活的重要性。

教導人類肢體技巧時不但可以運用模仿，而且也應該盡可能地利用，無論跳舞、滑雪、網球或其他，讓示範者站在模仿者的身旁或讓示範者背對模仿者通常是明智的作法，這樣模仿者才能以自己的身體跟隨動作，不必花腦筋去想哪邊對應哪邊，越少花腦筋去想而且口頭傳達越少，模仿的效果將越好，順帶一提的是，如果你想教左撇子某項使用右手的技能（例如鉤針編織），你應該和他（她）面對面坐著，再讓這人模仿你，如此可以出現鏡面影像的動作而非同側動作。

當然，兒童行爲的塑形過程主要即透過模仿，他們看見大人做什麼，無論是好是壞，他們也會照著做。有天早上在我家附近郵局裡，三個小朋友大聲吵吵嚷嚷，幾乎無法聽到其他聲音，他們的母親正排隊等候服務，她對他們吼罵了多次，終於成功嚇阻使他們安靜下來，她詢問女性郵局局長：「妳都用什麼方法讓孩子安靜呢？」她給了個相當正確的答案：「妳可以先試試自己輕聲細語。」專欄作家茱迪絲．馬丁（Judith Martin，綽號「禮儀小姐」）建議，教導孩子良好禮儀時，在訓練期間（也就是從出生至結婚）家中其他人進食和言談時都必須謙恭有禮，而且至少要裝出關心他人作爲及談話內容的樣子。

■模擬

第三個塑形捷徑是行爲模擬，意謂動手擺弄訓練對象的肢體，希望對方藉此學習。打高爾夫球的人利用行爲模擬教新手打球，站在新手背後，以雙臂圍住對方，抓住此人的球桿，然後揮桿時一併移動球桿和對方的身體。有些教導猿類手語的人常利用行爲模擬，訓練者抓著幼黑猩猩的手，把它擺在應該出現的位置或做出應該做出的動作，最後幼黑猩猩應該會有所領悟而自己出現這些動作。行爲模擬便是「活雕像」演出的秘密，這項馬戲團表演在十九世紀末、二十世紀初極爲盛行，由活人和活馬擺出名畫或名雕像的姿態，觀眾最愛看的表演效果是他們宛如石像的靜止演出，當燈光一亮，他們全出現了，無論是滑鐵盧戰役的拿破崙部隊或其他，動作全如瞬間凍結般停在空中——不只人是如此，馬匹也一樣，脖子彎拱著，前腳在空中，好似化爲石頭。有人告訴我它的作法是在按摩馬匹數小時後，待牠們完全放鬆時，像捏陶般要牠們擺出所要的模擬姿勢，再增強牠們維持不動的行爲。

雖然行爲模擬是廣爲使用的訓練方法，但是我對它的成效總是有點半信半疑。在訓練對象在沒有人抓著、推壓或被迫擺出行爲之下仍能出現該行爲或至少試圖出現該行爲以前，我無法肯定他（牠）學到了多少東西，通常訓練對象只學會隨人擺佈完成動作；被教導拾回的狗兒學會在被抓著時嘴巴合起來咬住啞鈴，但是當訓練者鬆手時，牠便放掉啞鈴。一至三歲的小孩被放在高腳餐椅上時，如果有人抓著即乖乖坐定，但是只要手一拿開就立刻站起來亂動，結果反而讓利用行爲模擬的人受到訓練——把抓住對方或以手導引對方的時間變得越來越長。

人們似乎覺得若能擺佈訓練對象的身體，讓它一直進行同一動作，只要練習的時間夠久或練習的頻率夠高，牠終究將學會這個動作。這有時屬實，但是「終究」可能要等很久，而且從有人推壓完成動作到自行完成動作必須要有內在覺醒：「啊哈！他們要我自己這麼做。」這對動物來說要求甚高，而且即使你的訓練對象有如愛因斯坦般聰明，你仍必須不斷重複動作以期牠茅塞頓開，如此運用寶貴訓練時間的作法十分缺乏效率。

若想讓行爲模擬法生效，你得併用塑形法，當你讓訓練對象擺出姿勢或做出動作時，仔細留意牠是否出現了一點點主動啓始適當行爲的表現，這個些微表現便是你應該增強的行爲。狗兒稍微自己咬啞鈴咬得緊一些、高爾夫球員開始順利揮出一桿、幼猩猩的手自己動了，你立即當下給予讚美，然後便能一邊「略去」協助模擬的動作，一邊塑形新的技巧。併用行爲模擬和塑形法通常可以有效訓練行爲，但是兩者結合才能有效，不能單單利用模擬。

特殊訓練對象

你可以塑形任何動物的行爲，可以塑形鳥兒、也可以塑形魚兒，心理學家曾經塑形小嬰兒以揮手開關房裡的燈，而我也曾塑形過一隻寄居蟹用螯拉扯晚餐鈴鐺的拉繩（秘訣是在寄居蟹漫無目標揮動螯時，只要牠的螯一碰到拉繩即立刻把食物遞給牠——我用一支解剖用長鑷子夾取蝦子碎肉放入牠的口器）。哈佛教授理查・亨斯坦（Richard Herrnstein）博士告訴我，他曾經塑形一隻扇貝拍動雙殼以獲取食物獎勵（但他沒告訴我他餵食扇貝的方法）。海洋哺乳動物訓練師喜歡吹噓自己能夠訓練任何動物做出任何牠們肢體能力及腦力所及的行爲，而且據我所知，他們的確能夠這麼做。

塑形練習的成效之一（尤其當訓練對象有過收穫良多的經驗時）是它會增加訓練對象的專注力，你事實上正塑形越來越長的期待時間。不過有些動物的專注力天生就不長，年幼動物（幼犬、幼貓和嬰孩）在練習行爲時永遠不該要求牠們重複三次以上，過大的壓力可能使牠們灰心或害怕，這並不代表年幼動物無法學習，牠們無時無刻都在學習，但是每次學習的時間只能很短。我認識的一位漁船船長教會他四個月大的孫女與他擊掌，小嬰兒把手掌張開熱情拍擊他的手心——猶如爵士樂手擊掌互打招呼的迷你版——總是贏得旁觀者的熱烈好評，不過他只是利用幾次幾近瞬間的「訓練時間」即達成訓練。

年幼並不是影響塑形的唯一生物性限制因素，某些行爲對一些物種來說十分自然，但對其他物種卻很困難；舉例來說，以嘴銜物似乎對豬很困難，但是要牠們學習以鼻吻推東西就很容易。多數犬種不但發展出特定長相，也發展出特定行爲傾向；牧羊犬幾乎不需要塑形也會牧羊，因爲牠已經存在所需的獵物追蹤行爲，甚至因爲犬種特性而強烈表現，不過假如你決定塑形一隻巴吉度犬去牧羊，你便是給了自己一個超難的任務。有些技能在特定發展階段比較容易學習，幼貓鼬在六星期大之前有可能變得溫順，但是過了時間就不可能，人類一般都以爲兒童學習語言比成人容易，然而語言學家最近卻發現，有意願的成人學起新語言時可能比多數兒童和青少年快。我認爲教會成人游泳是件極度困難的事，人類是天生不游泳的極少數物種之一，雖然你可以教會成人漂浮及正確踢水動作，但我從沒見過任何兒時沒學會游泳的成人到了水深處仍能自在嬉戲。

善用記錄作自我增強

那麼塑形自己的行爲呢？美國市面上有各類改變自我行爲的計劃，諸如「菸癮終結者計劃」（Smoke Enders）和「體重觀測員計劃」（Weight Watchers）等等，這類計劃大多數主要依據塑形法而來，通稱爲「行爲調整計劃」；它們不一定都會成功，我認爲困難之處在於這些計劃需要由自己增強自己的行爲，但是當你給予自己增強時，它永遠不會是個意外——因爲「訓練對象」總是知道「訓練者」的意圖，於是變得相當容易說出：「我才不在乎我的評量表上是否多放顆星星，我寧願抽根菸。」

自我塑形行爲的方法對有些人可能管用，但有些人可能必須歷經三、四次難捱的計劃或者多次重複某方法之後才能成功，這類人其實能夠成功改變習慣或戒癮，但是他們幾乎都不可能第一次就成功。類似催眠或自我催眠的方法可能對某些人大有助益，某大出版社的資深編輯告訴我，他向一位催眠師學習了戒除嚴重菸癮的方法，他利用自我催眠讓自己放鬆，進入輕度催眠狀態，每當他感到強烈衝動想抽菸時就重複誦吟「我不想抽菸。」之類的祈文或咒語，對他而言這個技巧似乎在他與菸之間「隔起了幕簾」(他自己這麼描述)，衝動消失後出現的輕鬆快感和自我恭賀行為具有增強的作用，不過實際情形是否如此或者是否存在其他增強物的影響當然不得而知。

我撰寫本書時出於好奇，嘗試了一些正式的塑形計劃，兩個計劃在課堂上教授，另外兩個計劃由學生進行自我監測，塑形目標分別爲戒菸、學習打坐、學習控制體重和學習理財，所有計劃都獲得了相當成效，但是計劃初始的成效不大，有些人花了超過一年的時間才達成目標。我發現進行自我增強最有用的作法就是作記錄，這四個計劃都利用了這一點。我需要的是可以讓我一眼看出進步的記錄形式，所以使用了圖表，這樣我對自己犯下小錯的罪惡感才能略爲減輕，因爲我看了圖表後發現，即使我出了小錯，我現在仍比半年前表現得好多了，雖然要達到完美標準仍然長路漫漫，但是圖表上的「曲線」仍朝著正確的方向移動，這個「看得到」的進步實證本身雖然沒什麼增強作用，效果也慢，但它倒是提供了足夠動機，讓我多數時候都能堅持下去。

監測自我塑形行爲時有個成效非凡的方法：利用電腦作訓練，在電腦程式裡設計有趣好玩的增強方式，它可使學習突飛猛進而且使整個塑形過程很好玩，這種應用正增強原則的方式已經成爲極具發展潛力的領域。

不發一語的塑形法

在網球課之類的正式訓練情境中，訓練對象已經知道塑形目標是什麼，而且通常願意配合參與，因此你不必花時間等候反應出現再予以增強，你可以利用言語激勵行爲發生也不會有問題：「這麼做！很好，現在再做一次，很好！」

然而若在平日生活的非正式情境之下，進行塑形時或許最好別給任何口頭指示或討論，假設你有個生活習慣髒亂的室友，老把髒衣服丟得到處都是，而且口頭告知（罵他、求他或以其他言詞）都宣告失敗時，還有辦法塑形出一個人的整潔行爲嗎？有可能。

你當然需要擬定一個塑形計劃，列出達成目標行爲之前的初期及過渡性步驟。舉例來說，若要讓他每次都把髒衣服丟到洗衣籃裡，你可以從丟襪子開始，僅此一次，在他的臭襪子即將落地之前把洗衣籃遞出去接住它，你增強這個行爲的方式可以利用口頭讚美或碰觸，或利用任何你認爲這位室友可能有所回應或接受的方式。人們都不笨，只需幾次增強他們就會改變行爲，即使亂丟骯髒衣物的行爲事實上含有衝著你而來的微妙攻擊意味（「你這傭人，把我的衣服撿起來！」），你仍能夠利用正增強塑形出持續可見的進步，直到對方達到你認爲可以的整潔標準。

不過這種塑形用法有兩個易犯錯誤：首先，錯誤比進步容易獲得注意，加上我們又喜歡用口語表達，所以當對方沒有達到增強標準時我們極易出口指責，可是該增強的時候卻極少這麼做，這樣只會前功盡棄。第二、當你「算計」著塑形某人行爲時，你很難把它憋在心裡，但說出來可能很糟糕，如果你說：「當你＿＿＿＿時，我會獎勵你……」（空格裡可能是把髒衣服放入洗衣籃、不抽大麻、少花點錢或其他），這成了賄賂或允諾，不是眞正的增強，而對方得知你的計劃之後，他可能立即出現反彈，反而加劇不當行爲。爲了收到成效，你必須力行塑形，而不是動嘴皮子。

如果你果眞成功塑形了某人的行爲，日後最好也別四處吹噓。有些塑形者永遠學不會這一點，堅持誇耀「自己」的傑作，這麼做至多只會表現叫人領情的樣子，而且極可能使對方成爲一輩子的死對頭。此外，雖然爲了協助對方改善技巧或戒除不良習性，你可能因此改變了自己的行爲以給予適當增強，事實上誰最辛苦呢？是這個人。聰明的父母絕不會到處去說自己把孩子養得多好，一個理由是我們都知道養育重責沒有終了的一天，另一個理由則是，孩子才理應得到榮耀——光是他們忍受我們諸多訓練上的錯誤即値得讚揚。

由於對人塑形時不需要說話，甚至必須緘默，有些人覺得這有點操縱別人的邪惡意味。我認爲這是種誤解，塑形時之所以不可說話是因爲我們所訓練的是行爲，並不是想法，而且我們不但訓練對方的行爲，也訓練自己的行爲。

不過，既然你可以在人們不知情之下塑形他們的行爲，而且除了像網球課裡獲得塑形對方的正式許可之外，塑形人類行爲幾乎都不可使用語言，那麼豈不可能塑形人們做出可怕的事情嗎？是的，的確如此，尤其如果你運用負增強，以令人不快的刺激引發全然恐懼，甚至驚駭。

心理學家在實驗室裡發現一種「習得無助」（learned helplessness）的現象，動物經由學習學會只要壓下控制桿或移動到籠子另一邊，即可避開電擊之類的不快刺激。然後牠被移到另一個籠子，可是現在牠無論做什麼都無法避免被電擊，牠將逐漸放棄嘗試，變得完全任人擺佈且全然消極，甚至在通往自由的入口重新開啓之後牠可能只是躺著接受處罰。人類的「洗腦」現象可能和這種現象有關，如果一個人被嚴重剝奪，無法逃離恐懼或痛苦，當隨後有人把不快刺激作爲負增強物——也就是說，當訓練對象改變行爲時可以避開或導致不快刺激消失——那麼會發生什麼事呢？動物通常會崩潰，但是人類較爲堅強，有些人會竭盡所能避開負增強物。派蒂．赫斯特（Patty Hearst）以人質身份持機關槍搶劫銀行的照片即爲實證①，雖然脅持她的人沒有自書中學習這麼做，但如果我們每個人都能理解塑形的運作原理，這類事件可能較不會發生，不是嗎？

① 西元一九七四年美國報業鉅子千金派蒂．赫斯特遭綁架，她受盡凌虐但數週後轉而認同綁匪，協助犯罪。

3

刺激控制

無脅迫性質的合作關係

刺激的種類

「刺激」是任何導致某種行爲產生反應的東西，有些刺激可以引發反應，但並不會產生學習或訓練效果，當我們聽見大聲響時會縮一下，光很亮時會眨眼，聞到廚房傳出誘人香味時通常會走進去，動物也會有同樣的反應，這些聲響、亮光和氣味就是所謂的「非制約刺激」（unconditioned stimulus）或「初級刺激」（primary stimulus）。

另一種刺激是經由學習而得的，它們本身可能毫無意義，但在與受到增強的行爲產生關連之後，便成爲動物能夠識別的行爲訊號。每天我們都對許多習得訊號有所回應，看到交通號誌會停下或前進，電話響了會趕快去接，在吵嚷街頭聽到自己名字會轉頭等等，這些都被稱爲「訊號」（cues 或 signals）。

我們之所以習得這些訊號是因爲與它們相關的行爲不斷受到增強，例如接起電話鈴聲就會停止（鈴聲是負增強物），然後傳來對方說話的聲音（說話聲是正增強物，或許該說這是大家所期望的），這些訊號（或稱「區辨刺激」〔discriminative stimuli〕）具有預告或通知的作用，讓我們知道這時候可以出現過去曾獲增強的行爲。反之，當這些刺激沒有出現時，表現出這些特定行爲將不會獲得增強，例如電話沒響時，拿起話筒只會聽到嘟嘟聲。

多數正式訓練都把大部份的心力及時間投資於建立區辨刺激，無論是操練新兵的軍官或上訓犬課的飼主都是如此，讓訓練對象聽令行事的指令，其實就是區辨刺激。

讓對方聽令行事

要狗坐下或要人停步並不足爲奇，但如果在下令後訓練對象即刻動作而且動作迅速標準，那才叫人印象深刻！這便是「服從」——不只讓對方表現行爲，而且是在訊號下達時即刻執行行爲；心理學家稱這種現象爲「行爲受到刺激控制」，訓練起來並不容易，需要遵循訓練規則，值得我們好好研究。

即使你壓根不想使喚狗兒做這做那，這輩子也沒計劃操兵，但了解刺激控制仍然會對你有所幫助。當小孩到處亂跑，怎麼叫也叫不過來，這代表你的刺激控制很糟糕，而如果你是位上司，必須下達兩三次指示下屬才開始動作，那麼你的刺激控制便出了問題。你聽過從自己嘴裡說出的話？「我已經告訴你千萬遍了，不要再——！」（空格裡可能是：用力摔門、把濕泳衣放在沙發上或其他行爲）如果講了一次、甚至一百次都沒有用，這個行爲則並未受到刺激控制。

我們可能以爲自己做到了刺激控制，但其實不然。當我們預期看到服從訊號或指令的行爲卻又不見反應時，一個常見的反應就是加強訊號；侍者聽不懂你說的法文？那就再講大聲一點！這麼做通常不管用，因為訊號接收的對象必須能夠認得這個訊號才行，否則不管是大聲喊叫或透過搖滾樂團的擴音喇叭喊，對方仍然只會不解地望著你。

動怒是另一個面對指令失效時的反應，這種反應可能管用的情況只有兩個：當對方出現你不喜見的行為時，或熟知訊號卻沒有出現熟練反應時。這時暫時置之不理或表現動怒的樣子，有時或許可能引發好的行為。

有時訓練對象雖然出現正確反應，但反應卻慢半拍或動作慢吞吞。對指令反應遲鈍通常是因為沒人教導訓練對象必須迅速反應，當訓練對象出現正確或迅速的反應卻未獲正增強，沒有機會學習迅速服從訊號對牠（他）有利，這個行為便未受到真正的刺激控制。

生活中到處都是刺激控制不良的例子，當有人想伸張權威時，很可能會有人因為「不服從」而惹上麻煩，但真正的問題出於對方不明白或無法執行指令——溝通不良或刺激控制的訓練技巧不佳。

建立訊號

傳統訓練師在訓練之前便開始使用訊號，他們先說：「坐下！」然後再壓下狗兒屁股，讓牠做出坐下的動作，重複多次之後，狗兒為免繼續被壓而學會坐下，而且牠在這過程裡學會的是「坐下！」二字代表一個牠可以避免被鏈子抽的機會，只要出現坐下的動作就好，所以傳統訓練使用的訊號或口令其實就是制約負增強物。

相較於傳統的訓練法，我們在進行操作制約時會先塑形行爲，畢竟，要狗兒去做一件牠不可能聽懂的事情毫無道理。等到行爲出現的頻率穩定後，我們才會在某種特定刺激出現期間或之後塑形這個行爲的出現，例如我們會利用響片和增強物塑形坐下的行爲——使狗兒迅速坐下、動作不拖泥帶水、坐得久而且經常坐下，有時在草地上坐，有時在地毯上坐，符合多項增強要求——直到牠爲了獲取增強物，極有自信的坐下。此時我們再加入一個具有綠燈意味的訊號，表示一個出現特定行爲獲取增強物的機會，這類訊號便成爲制約正增強物：在它出現之後絕對有好無壞。

加入訊號有多種方式：第一個方法是，你可以在行爲啓始時加入訊號，當完成行爲時予以增強，然後在不同的時間和不同地點重複這麼做，漸漸越來越早下達訊號，直到訊號出現在行爲啓始之前，不久之後訓練對象就會把該訊號視爲出現特定行爲即會被增強的機會，當你說：「坐下！」狗兒將會坐下。

第二個方法（也是我們用在海豚身上的方法），交替運用「給訊號」和「不給訊號」。當狗兒經常出現坐下行爲時，對牠說：「坐下！」待牠坐下時即按響片。接著，讓牠坐下一兩次但不按響片也不給賞，然後再說一次：「坐下！」出現坐下動作時即予以增強；在同一段訓練時間裡，你同時增強了聽訊號的坐下行爲，也使缺乏訊號下的坐下行爲消失。

一旦你的訓練對象了解這個規則，新訊號幾乎可以馬上與新行爲聯結。然而，當毫無經驗的動物第一次學習訊號時很可能會遇上困難，困難來自所謂「消弱」（extinction）的過程。消弱是指過去一直受到增強的行爲不再獲得增強，這是個不快的經驗（請見第四章詳述），而且可能引發情緒反應。我曾經被海豚濺水濺得全身濕透，因爲牠很生氣原本一直可以換取魚吃的行爲現在竟然不管用了。

第三個加入訊號的方法是塑形對訊號的反應。如同塑形行爲本身一樣，如果坐下是幼犬接受響片訓練的第一個行爲，你可能會發現牠的動作比你還快，不斷坐下的動作幾乎讓你目不暇給，「這隻狗一直「對著『你』胡亂坐下」響片訓練者通常會這麼描述這種現象，這時便是加入訊號的最佳時機，牠已經準備好學習訊號，你必須告訴牠何時坐下才管用，避免牠在你雙手拿著大包小包東西時自己跑到你腳邊坐了下來。

拿出你的響片和零食，說：「坐下！」，只要牠的屁股稍稍往地面沉下一點兒就按下響片，不要等到完成坐下的動作才按。接著丟出零食讓牠起身去撿食，再說一次「坐下！」然後在牠完全坐下之前就按下響片；這個「坐下」的訊號還可以加上手勢或清楚的肢體動作，但按響片當下即必須停止所有輔助訊號。

以這種方式訓練，通常只要經過幾次按響片給賞的過程，即可出現依訊號出現的積極坐下行爲。下一步，說出：「坐下！」但等牠屁股完全貼地坐著才按響片（牠才不會養成半蹲一下就起來的習慣），接著把其他一些熟知的行爲（或許是喚牠過來摸摸牠等行爲）穿插在加強坐下新訊號的練習之間。

最後一步則是塑形等候訊號出現的行爲——初時半秒，然後一秒、三秒，直到狗兒顯然把注意力放在你的身上，但是未下達訊號前不會坐下。達到這個程度之後，你便可以慢慢不用那些輔助訊號，只使用口頭訊號，這時訊號之下的反應已經受到操作制約，狗兒因爲期望獲得增強而表現行爲。

據我觀察，這是建立個別訊號最快的方法，也最快能夠建立「訊號指示特定行爲發生」的一般概念。在一次訓犬講座上，有名女子帶來一隻剛從收容所領養來的四個月拉不拉多幼犬，我利用星期六午餐時間協助她訓練幼犬的第一個響片行爲——趴下，如果我說這隻幼犬一無所知，完全沒接受過任何訓練，應該不會有人異議，單單只是讓牠注意到自己的行爲可以影響零食的到來就花了很長時間。

當天下午我們練習如何塑形出對訊號的反應，隔天午餐時間這位女子和幼犬來到我身邊，猜猜看這個幼犬在二十四小時內學會了什麼？坐下、趴下、翻滾、招來、超級厲害的「擊掌」（牠把重心完全移到左半部身體，直直地把右前腳舉到最高處），以及拾回的初級版動作，所有動作完全按訊號行事，迅速確實而且正確無誤，變換訊號出現順序亦然。除此之外，這隻幼犬變得神采奕奕、專注、興高采烈、全力以赴——準備好不枉這一生。

刺激控制的規則

刺激控制有四個層面。當狗兒學會聽口令坐下（不管使用哪種方法）之後，訓練就結束了？不對，這個任務只完成了一半，動物必須另外接受訓練，而且這是一項不同的訓練任務——學習在沒有口令時不要坐下。在制約刺激沒出現時，動物不會出現該行爲，否則該行爲的刺激控制仍未完成訓練。

當然，這並不表示除非對狗兒下令坐下，否則牠必須整天站著。訓練對象在自己的其他時間裡當然可以任意行爲，但是在訓練或工作的情境中將會用到區辨刺激（或訊號），這時若想要穩定的行爲表現，就必須建立訊號的兩個層面：「何時進行行爲」以及「何時不進行行爲」。

達到理想的刺激控制有四項要件，訓練時必須把每一項當成個別目標，成爲塑形過程中的獨立部份：

1. 制約刺激一出現，行爲永遠立刻發生（叫狗兒坐下，牠即坐下）。
2. 沒有制約刺激時不會發生行爲（在訓練或工作情況下狗兒從未自行坐下）。

3. 其他刺激出現時從來不會發生這個行爲（如果你說：「趴下！」，狗兒不會坐下）。

4. 這個刺激出現時不會引起其他行爲反應（當你說：「坐下！」，狗兒不會出現趴下或跳起來舔你臉的反應）。

只有在四要件都達成之後，狗兒才算眞正、完全地懂得「坐下！」的口令，現在你有了眞正的刺激控制。

日常生活中，我們會在哪些地方使用或需要如此完全的刺激控制呢？以音樂爲例，管弦樂團指揮家常使用極其複雜的刺激控制，因此在排演時他可能遇上各種錯誤的反應，例如他可能示意要求「Forte」（強音），加大音量——但卻無回應，或許原因是他還沒有明確建立起訊號的意義，或者他可能已經避免作出加大音量的訊號，但是音量依舊過大，古典管弦樂團的銅管樂器部以此稱著，指揮家理查．史特勞斯（Richard Strauss）列出一些挖苦年輕指揮家的規則，他說過：「絕對不可用鼓勵眼神看著銅管樂手。」而業餘合唱團常出現這種情形，指揮家可能示意出現「Presto」（急板），但音樂速度沒加快，音量卻變大了，尤其是獨唱男高音常出現這種狀況。訊號引發的每一個錯誤反應都必須經由訓練更正，直到指揮家對自己的刺激控制感到滿意爲止。

刺激控制在軍隊裡也極爲重要。新兵訓練時以連珠炮口令不斷要求動作，重複操練不但非常耗費體力也很耗時，在新兵看來這個做法似乎既困難又毫無意義，可是它有個重要功能，它不但能使新兵對口令迅速反應，讓指揮官能夠有效動員大批軍人，同時也訓練出「聽令行事」的技能，畢竟它不只是一種心態，也是一種習得的能力，這對士兵而言極為重要，常有保命的作用。自從軍隊存在以來，連珠炮口令操練一直是用來訓練這種能力的方法。

哪種訊號？

區辨刺激可以是訓練對象有能力察覺的任何事物：旗幟、光線、話語、撫摸、振動或開香檳時的啵聲，只要訓練對象能夠察覺這個訊號，它即可拿來引發習得行為。

海豚通常以手勢訓練，但是我知道有隻眼盲的海豚學會以許多行為回應不同的碰觸方式；牧羊犬通常以手勢和口令訓練，不過紐西蘭的鄉間廣闊，人們常用尖銳的哨音當作訊號，它傳遞的距離比口令遠。而當紐西蘭牧羊人把狗兒賣給別人時，新主人可能住在數哩之外，由於哨音無法以書寫方式描述，舊主人會以電話教授新主人指令，或者給他哨音的錄音帶。

魚類能夠學會對聲音或光線出現反應，我們都知道，敲打水族箱玻璃或開燈時水裡的魚會很快地游近水面。而人類幾乎對任何東西都可以作為習得訊號。

在工作情境下，讓所有訓練對象學習相同的訊號是很有用的，這麼做其他人才能引發相同的行爲。動物訓練師對於所使用的刺激通常相當傳統，世界各地的馬匹被人踢馬肚時都會往前走，韁繩一拉緊就會停步，美國紐約布隆克斯動物園的駱駝聽見「couche」（法文「趴下」的意思，音似「酷虛！」）口令時即會趴下，即使週遭的人包括訓練師在內都不會講北非腔法文也無妨，大家都知道這樣才能讓駱駝趴下，雖然那些紐約駱駝也能夠學會以趴下回應「寶貝，裝酷吧！」這句話，但這沒人在乎。

傳統訓練師往往沒領悟到自己的訊號只是種沿習。有次我在一家寄宿馬廄訓練一匹年輕馬兒，用一條韁繩牽著牠教導「走！」的口令，馬廄訓馬師帶著嫌惡的神情觀看，最後他終於開口：「妳不能這麼教——馬兒不懂『走！』，妳必須說：『帖—提克！』」他一邊從我手中拿走韁繩，一邊說：「帖—提克！」並且以韁繩另一端抽了一下小公馬屁股。這個動作當然使牠開始往前走，他說：「看吧！」但是他的行爲正是沿習的實證。

從那時起我無論把我的馬兒放在哪個馬廄寄宿，我都訓練牠們不只對我的口令有反應，也對馬廄訓馬師所使用的「幾地亞普！」（giddyaps）、「據！」（gees）、「喝！」（haws）和「喔歐！」（whoas）等口令有反應，這樣可以避免麻煩，而且也讓他們認爲以業餘訓馬師來說我算是相當有潛力，至少我沒搞錯這些訊號！

訓練馬兒遵從兩套口令不僅有可能而且很容易，雖然你希望一個刺激只引起一個行爲，不過由數個習得訊號引發同一個行爲絕對可行；例如，在擠滿人的房間裡，講者要求大家安靜時可以大喊「安靜！」、站起來單手比出代表「噓！」的姿態，或者當大家很吵時，拿湯匙敲敲水杯也管用，我們都已被制約成對至少三種以上的刺激回應出安靜下來的同一個行爲。

爲習得行爲建立的第二個訊號稱爲「轉移刺激控制」：先呈出新刺激（或許是新口令），然後呈出舊刺激（例如手勢），再對出現的反應予以增強，接著漸漸使舊刺激越來越不明顯，而同時將新刺激表現得極其顯眼，直到新刺激引起的反應和之前一樣好，甚至可以完全不再給舊刺激。這種轉移通常比訓練第一個訊號來得快，因爲「出現這個行爲」和「訊號出現時才出現這個行爲」的概念已經先行建立了，於是學習「另一個訊號出現時才出現這個行爲」的概念就會比較容易。

訊號強度和淡出

初級刺激（未制約刺激）視刺激強度而定，能引發不同強烈程度的反應；被針用力猛刺一下的反應會比被輕扎的反應劇烈；聲響越大聲，驚嚇的效果越好。不過，一旦能辨認出習得訊號，便可以出現全然的反應，例如看到紅燈時停車，並不會因爲紅燈的大小而快一點或慢點兒停。只要認出訊號，就知道該怎麼做，因此當已習得一個刺激訊號之後，不但可以轉移它，也可以讓它變得越來越小、幾乎無法察覺，卻仍能引發相同表現的反應，最後你將能夠以極微妙的訊號引發反應，讓旁觀者看不出端倪，這就是「淡出」刺激的技巧。

日常生活中我們常常用到淡出技巧，原本必須非常大的刺激，例如：「迪弟，不可以把沙子放進別的小朋友頭髮裡。」一邊把迪弟拖出遊戲沙堆。隨著時間過去，它可能轉變爲一個小訊號，只要挑起一邊眉毛或搖搖食指便可以阻止迪弟這麼做。

動物訓練師有時能夠利用淡出的刺激引發看來神乎其技的反應，我曾在美國聖地牙哥野生動物樂園（San Diego Wild Animal Park）看過一個很有趣的表演，一隻鸚鵡只要看見訓練師手部的微妙動作即會爆發歇斯底里的大笑，你應該可以想像這有多麼好運用：「派特羅，你認爲這名男士的帽子如何？」「哈哈哈！」由於觀眾沒看到訊號，這隻鸚鵡唯一的習得行爲看來就像聰明地給了一個嘲諷苛刻的答案，牠其實只是對一個完全淡出的刺激出現及時反應。任何聰明嘲諷的成分，應該歸功於訓練者，或者設計對白的人。

我所看過最佳表現制約、淡出和轉移刺激的例子並不是在動物訓練的領域，而是在交響樂團的排練上。我以業餘歌者的身份參與過多個歌劇和交響樂合唱團，它們常由客座指揮家領團，雖然指揮家給予樂手的許多訊號多多少少具有一致性，每位指揮家也有獨特的個人訊號，而這些訊號的意義必須在極短期間建立，因爲排練時間幾乎不比演出時間長。

有次排練古典音樂家馬勒第二號交響曲《復活》時，我看見指揮家建立一個代表「輕聲演奏」的未制約刺激，他作出聽到警鈴四起的神情，躲避爆炸似地蹲伏著以單手蔽臉，大家都意會到動作的意義，接下來幾分鐘內他已能夠淡出刺激，只要他瞥一眼提示並稍彎下身子，或者很快用手勢比一下即可降低任何一部合音的音量，最後只須稍微縮一下肩膀即可。

指揮家也常轉移刺激，將已知姿勢或大動作（例如手心向上移動代表「大聲一點！」）與未學過的姿勢（例如偏頭的個人特色或轉身動作）作結合，我有次坐在位於指揮家左側的女低音部，看見這位客座指揮家只花了一些時間即把控制女低音部音量的所有訊號全轉移到他的左手肘。

建立起刺激控制的一個結果是，如果訓練對象想以正確反應獲得增強，尤其在刺激已淡出之下，它必須變得很專注，事實上它到後來或許將能察覺極細微的訊號，甚至連訓練者也沒意識到自己給了這些訊號。「聰明漢斯」就是一個典型例子，這匹二十世紀初的德國馬兒被視爲天才，牠能夠以蹄抓地數數字、算術、拼字，甚至能開平方根，答對時當然都會獲得一點食物獎賞。牠的飼主是位退休教師，他眞心以爲自己教會這匹馬閱讀、思考、做數學及溝通，但事實是即使飼主不在場這匹馬仍會「回答」問題。

許多前往柏林研究聰明漢斯的學術人士皆確信牠是天才，不過後來終於有一位心理學家證實牠是受到某個訊號的提示，因爲當全場無人知曉答案時，牠抓地的動作會一直持續下去。更進一步的研究證實（雖然堅信牠確爲天才的人不斷抗議），讓馬停止抓地的訊號是飼主或其他出題者在看見抓地次數到達正確答案時，會稍把頭抬起一點兒，這個輕微的動作原本因爲教師戴著寬帽而格外明顯，而如今它已成爲非常細微的動作，不但幾乎看不出來（除了聰明漢斯以外），而且幾乎無法以意志抑制，所以這匹馬即便是看到非飼主的人仍能分辨何時該停止抓地。

「聰明漢斯現象」已經成爲一個代名詞，指某些行爲（有關動物智商或通靈現象）看似不可思議，但其實是非意識訊號引發的結果，因爲測試者一些微不足道的動作或已淡出的行爲已成爲行爲對象的區辨刺激。

有效又好用的標的物

標的法是許多海洋哺乳動物訓練師的最愛，幾乎每個海洋世界都可以看到標的物的使用，訓練師伸出拳頭讓海獅來碰，然後藉著移動拳頭讓海獅跟隨移動到表演台的不同位置；海豚學會從水中垂直跳起來去碰一顆吊在高處的球，有時兩三名訓練師會在池邊各自站定，每個人拿著球或伸出棒狀軟墊標的物，讓鯨魚進行標的碰觸，於是連續從一處游到另一處。

對於剛開始學習增強訓練的人而言，教導動物以鼻頭碰觸棒子末端是絕佳的入門練習，這個行爲不但看得到也感覺得到，動物很容易即可獲得增強，而且很容易讓人明白如何一點一點地提高增強要求標準：棒子離鼻頭兩吋，離四吋，在左邊，在右邊，在上面，在下面，再往前，直到這隻動物（或鳥兒，或魚兒）能跟隨這根標的棒移動。有家荷蘭訓犬學校的老闆告訴我，某天早上她以響片訓練家貓去碰咖啡匙，然後便能夠讓牠跟著繞了餐桌一圈，這個經驗讓她非常信服，馬上把整個訓犬學校的方法改爲響片訓練。

動物園利用標的法（加上響片和食物）讓老虎和北極熊移動到另一個欄舍，使獺猴和狐猴等小型動物停著不動讓醫護人員進行治療或檢查，也利用標的法來分散動物。聖地牙哥動物園行爲館館長蓋瑞．普萊斯特（Gary Priest）拍了一段錄影帶，三隻長頸鹿在學會碰觸三個不同的標的物後，訓練者於是能夠塑形牠們安靜進入圍欄並容許人員進行修蹄的動作。

狗兒飼主更是活用標的棒，你可以使用標的棒教會一隻橫衝直衝、無可控制的狗兒乖乖在腳側隨行，不必抽扯牠的牽繩，也不必費心勞力地訓練，只要慢慢拉長「鼻子大約維持在此處即會得到響片給賞」的時間長度就好。你可以把標的棒插在地上，利用它教導狗兒一出現訊號便離開你身邊，這是服從競賽選手常覺得困難的項目。你可以利用標的帶著狗兒穿越障礙或進入新的地方，警犬和搜救犬訓練師常會利用雷射筆指示狗兒前往特定區域，貓咪也很容易學會追逐雷射筆投射出的小小紅點，這是與足不出戶貓咪玩耍或讓牠運動的好方法。當你的貓在你一下達訊號時即刻跳到冰箱上頭（利用雷射筆訓練），你的客人們絕對會嘆爲觀止。

對於有口語溝通障礙的人類，以標定訊號和零食達成的標的訓練一樣非常有效。一位特殊教育的老師告訴過我，她在看過海洋哺乳動物訓練師使用標的物之後，立即把標的法應用在自己工作上；有天她被分派指導一名具有發展缺陷又極度活躍的小男生，他必須坐在桌前完成作業，但是他們平常使用的教室正有人使用，所以他們來到周圍全是大球、搖椅和攀爬設施的體育室，小男孩當然馬上跑去玩，她不能抓著他，強迫他坐在桌前，她也不想這麼做，所以她伸出手心說：「碰碰！」男孩照做了，她立即回答：「很好！」接著利用「碰碰！」和「很好！」把他引導到椅子上坐好完成作業，中間不時穿插很短的嬉戲時間（當你明白自己能夠利用標的物等訊號讓訓練對象回到身邊時，你將會比較願意利用自由作爲增強物！）。

我也曾經目睹利用標的物（包括教師的手和雷射光點）協助嚴重低功能人士學習行走到教室、桌子或其他目的地，完全出於自願且無需肢體引導——這對學習者或教師而言都是個獲得解放的技巧。

以習得厭惡刺激作為訊號

區辨訊號強度可能影響反應的唯一情況只發生於傳統動物訓練，傳統動物訓練中使用的訊號（輕拉馬韁或牽繩、輕頂馬腹）只是過去一些未制約刺激的減輕版（用力猛扯繩子或踢馬腹，爲的是激發尚未訓練過的反應），所以如果輕度刺激無效，加劇刺激似乎應該得到較大的反應。不過實際這麼做卻會遇上問題。

習得訊號和初級刺激是兩類不同的個別事件，訓練新手通常不明白這一點，例如當他們輕輕拉沒有反應時，他們就會多用點兒力，然後再繼續用力，這一切只是徒勞，因爲馬匹和狗兒同時也會增加往反方向拉的力道。

傳統訓練師常把訊號和暴力使用視爲兩碼子事。他們先給訊號，當沒有獲得服從反應時，他們不會慢慢加重刺激，而是直接使用令動物極度不快的強烈刺激來引發行爲——強烈到足以「讓牠恢復記憶」（一位訓馬師如是說）。P字鏈（收縮鏈）的訓犬方法就是如此，在人們學習正確用法之後，即使個頭不大的人也可以利用快速抽緊放鬆的動作把高大的大丹犬嚇得魂飛魄散。有了這個初級刺激在手上備用，很快便能發展出輕拉鏈子即出現良好反應的結果。英國著名訓犬師芭芭拉·伍德豪斯（Barbara Woodhouse）指出，以長期來看，這個方法比一直使用中度力道、無效輕扯拖拉著可憐動物的脖子來得人道；不過，利用正增強塑形行爲的方法當然更爲人道，而且無論就長期或短期來看都較有效率，現代訓練師都利用正增強和標定訊號（某些字句或響片）訓練所有過去以暴力達成的傳統訓犬行爲。

當某個區辨刺激可用來當作避免不快事件的訊號時，它不但可以減少肢體控制或介入的必要性，而且即使訓練者不在場也可以抑制行爲。我的邊境梗犬在幼犬時期很愛亂翻廢紙簍，並且把紙簍裡的垃圾散得四處都是，我並不想處罰牠，但是我也不想得時常倒廢紙簍。

於是，我在噴水瓶裡裝了水，加入幾滴氣味濃郁卻很怡人的香草精油，然後咬著牙勉爲其難地朝牠的臉噴，牠很不高興地跑走。之後我在廢紙簍噴了香草精，牠便從此再沒接近過廢紙簍。牠並不討厭這個氣味，這個氣味刺激完全是中性，牠眞正討厭的是這個氣味引發的聯想。爲了維持牠不再接近廢紙簍的行爲，大約每三個月就必須補充刺激濃度，在廢紙簍上噴幾滴香草精，但我再也沒有必要直接往狗兒臉上噴了。

讓狗兒待在隱形圍欄系統（Invisible Fence systems）內，就是應用相同的原則。你在希望圍住狗兒的地域四周安置一條無線電線圈，讓狗兒配戴裝有接收器的項圈，當狗兒太接近線圈即遭項圈電擊，不過在這之前，必須設定一個警告聲，當牠接近距離電線幾呎處時項圈即發出警告聲，這個區辨刺激即代表「別再繼續往前走！」。如果系統裝設正確，它將可以有效圍住受過訓練的狗兒，狗兒永遠不會眞的遭受電擊。

我和我的梗犬住在森林裡時曾使用過這個系統，當時若使用眞正的圍籬，等同隨時邀請牠設法在圍籬下挖洞或趁門沒關時逃脫，這種使用制約警告訊號和隱形圍欄的方法安全穩當太多了。

限定反應時間

想訓練動物對區辨刺激出現迅速反應，「限定反應時間」（limited holds）是個非常有用的技巧。假設你的訓練對象已學會依訊號出現行爲，但總是需要一段反應時間，譬如喊大家吃晚飯，他們總是慢呑呑才來，或是你示意停下來，但是你的大象只慢慢減速，最後才完全停下來。如果你希望的話，其實可以利用「限定反應時間」的方法塑形出較短的反應時間，直到對方在能力可及範圍內達到最短反應時間。

首先，算出一個過去反應時間的平均值，然後只增強在這個反應時間內出現的行爲；由於動物行爲具有變異度，有些行爲會超過反應時間，這些行爲將不再獲得增強。舉例來說，叫大家吃飯之後，等一段固定時間就上菜，晚到的人可能就必須吃冷菜或無從選擇菜色。

當你設限反應時間，只增強時限內出現的行爲時，你會發現所有反應將慢慢集中在時限內發生，不再有拖延的情形。全家人到齊來到餐桌的時間得花十五分鐘？現在，你可以再縮減時限，在叫大家吃飯後十二分鐘就上菜，甚或十分鐘。逐步減縮時限的步調完全依靠判斷，如同塑形原則一樣，你希望行爲發生於設定的時限範圍內。

動物和人類對時間都極爲敏感，在反應時間受限時都將出現極其準確的反應。但是訓練者若希望有效利用限定反應時間的技巧，則不應該依賴胡亂猜測，應該使用時鐘或甚至碼錶。假如行爲反應時間比鐘錶可測的時間單位更短，你可以利用默數，例如使反應時間從一、二、三、四、五縮短至一、二。當然，訓練對象若是人類，只要著手去做，靜待它發揮成效就好。

六〇年代海洋生物世界最讓人驚豔的表演秀高潮之一，是由六隻小飛旋海豚（spinner dolphins）同步演出多種騰空花式動作，依照水底聲音訊號的變化而做出各式跳躍旋轉。訓練初期，無論要牠們跳躍、翻轉或做其他動作的訊號出現時，牠們各自在十五至二十秒之間此起彼落，動作很不整齊。於是我們利用碼錶和限定反應時間的技巧把反應時間壓縮到兩秒半，讓每隻海豚都知道如果想吃魚，牠必須在訊號出現之後兩秒半內躍出水面，做出正確的跳躍或翻轉動作。後來，每隻海豚全都專心一意地待在水底喇叭附近，當訊號一出現，海豚立即從水中爆衝而出，躍入空中扭轉翻滾，場面相當壯觀。有一次，我在觀眾席上無意間聽到一段很好笑的對話，一位看來像教授的人斬釘截鐵地告訴同伴，要獲得這種準確無誤的反應，唯一的作法就是利用電擊。

限定反應時間的日常應用，即在要求或指示下達後你願意花多少時間等待回應，如果家長、上司或教師在限定反應時間之後從一而終，他們通常被認為很公平，而且說話算話，即使限定的反應時間（行為必須在時間內出現否則不予增強的機會窗口）相當短也無妨。

預期心理

「預期心理」是一個刺激控制常見的問題，訓練對象學會了訊號的意義之後，將會迫切想提供行為，因而在訊號尚未實際出現前即出現行為，這種現象稱為「鳴槍前偷跑」，源自人類賽跑比賽時因預期心理而出現的行為。那些在他人給予訊號或要求之前即行動的人通常被視成過度急切、奉承討好或阿諛奉承，這種習性令人生厭，並不是種美德。

參加服從競賽的杜賓犬有時會遇上這類困難，雖然牠們是極易訓練的狗，但是牠們極其警覺，只要預期的指令出現一點點端倪即能察覺，於是常在指令實際出現之前出現動作，因而慘遭扣分。參加小牛套索馬術競賽的馬匹也常見這種預期心理的問題，牛仔和馬匹原本應待在隔欄後方，等待小牛先跑出去，但馬匹常會在過於興奮的狀態中沒有等到訊號下達即衝出去。牛仔有時會認為這眞是匹好馬，但是實則是這匹馬兒尚未達成刺激控制的訓練。另一個常見預期心理出現的例子是美式足球的「越位」犯規動作，在開始踢球的訊號下達之前，某名球員由於心急而跑入對手防守區域之內，導致所屬球隊必須受罰。

利用「暫停」的處置可以改善預期心理的問題。若你不想再見到訓練對象因爲預期訊號而出現動作，你可以停止所有活動，整整一分鐘內什麼都不做，不給任何訊號，每次訓練對象太早出現行爲時就停下來，然後再重新開始，讓過度急切的行爲導致下次表現的機會延後出現，因而懲罰了過度急切的行爲。這種方法可以有效消除預期心理，然而如果處以責罵、懲罰或多次重複動作卻可能毫無效用。

利用刺激作為增強物：連鎖行為

在制約刺激建立之後，有件有趣的事會發生——這個制約刺激變成了一個增強物。以學校下課的鐘聲爲例，鐘聲代表「下課了，你可以出去玩囉！」的訊號，不過它也會被視爲增強物——孩子們聽到鐘聲會很高興，如果可以讓鐘聲早點響，他們絕對會這麼做。現在想像一下，要是下課鐘聲必須等到教室安靜下來才會響，狀況會是如何？每次接近下課時間，你將發現教室變得異常安靜。

區辨刺激代表獲得增強的機會出現了，所以它成爲訓練對象樂於見到的事件，而這個事件本身即具有增強作用，意謂你其實可以把「引發某個行爲的刺激」作爲另一個行爲的增強物。舉例來說，如果我對貓咪說「過來！」，然後給牠一點零食獎勵牠過來的行爲，牠將學會這個口令而且也會照做，日後我每次碰巧看見牠坐在壁爐台上時便叫牠過來並獎勵牠，很快地，貓咪將因爲想吃零食而跑到壁爐台上待著（請記住：從貓咪的觀點來看，是牠在訓練我，牠發現了一個讓我說「過來」的方法）。假設我接著想教牠在我手比著壁爐台時牠就跳上去，並利用食物或「過來！」口令增強這個行爲，以後我遇到以下情況即可指著壁爐台：(1)我知道牠肚子餓的時候。(2)牠剛好躺在地上四腳朝天的時候，或者任何其他情況。我所訓練出來的是一個連鎖行爲。

我們在日常生活中常出現一長串的連鎖行爲，例如木工和家務，都是由許多熟知步驟所構成的一連串行爲。而我們對動物也有一樣的期待：要求牠們「過來！」、「坐下！」、「趴下！」、「跟好！」等長串連續動作，這種長串連續的行爲是「連鎖行爲」，不同於「長時間維持的單一行爲」（維持一小時或做一百次）。連鎖行爲可以很容易維持，表現不會變差或延遲反應時間，因爲每一個行爲其實都被下一個行爲的訊號或出現機會所增強，直到所有行爲完成，最後才獲得獎勵。

連鎖行爲可分爲數種：由重複發生的同一行爲所構成的「同質性連鎖行爲」（Homogeneous chains），例如馬匹連續跳過一連串同型跳躍障礙物；以及由不同行爲構成的「異質性連鎖行爲」（Heterogeneous chains），待最後一個行爲完成之後方獲增強。

正式的狗兒服從競賽多半屬於異質性連鎖行爲，例如中級競賽項目：(1)主人把啞鈴丟到跳躍障礙的另一邊時，狗兒必須坐在主人腳側。(2)一聽到訊號即跳越障礙(3)找到啞鈴，把它咬起來。(4)銜著啞鈴回頭並跳過障礙。(5)坐在主人面前，等主人拿走啞鈴。(6)聽訊號回到主人腳側，競賽時這些連續行爲的順序通常一成不變，不過你可以先個別訓練單一步驟，或在訓練其他連鎖行爲時順便練習同樣的步驟。

連鎖行爲的行爲順序並不重要，但它有三點要素：(1)構成連鎖行爲的個別行爲緊湊發生，沒有耽擱。(2)這些行爲由來自訓練者或環境的訊號主導。(3)等到整個連鎖行爲完成才出現初級加強物。

無論狗兒參加打獵競賽或趕羊競賽，每次參賽的習得行爲出現順序或許會因環境不同而大肆更動，然而在牠拾回雉雞或把羊隻全趕入欄內時，整套的連鎖行爲最後才會獲得增強。

連鎖行爲之所以能夠出現是因爲個別行爲都會被增強，而且都受到刺激控制（即完全依訊號行事），於是這些保證增強物一定會出現的習得訊號可用來維持連鎖行爲的個別行爲。訊號可由操作手給予，牧羊人以哨音告知牧羊犬轉彎的方向、行進速度、何時停下和何時回頭；訊號也可由環境提供，參加服從競賽的狗兒在跳越障礙之前，眼前出現的啞鈴便是要牠拾起來的訊號，而拾起來的動作是回到操作手身邊的訊號，看到障礙物則又是跳越的訊號，主人不必爲這些連鎖行爲中的個別行爲提供口頭訊號，可是訊號早已存在。

有時，前一個行爲就是下一個行爲的訊號。我最近剛搬到一個新城市，找了一處新家也設置了新公司，我把新地址、新電話號碼、新傳眞號碼和新的電子郵件帳號全背了下來，但是有好幾個月，我沒辦法從這一連串的資料中抽出片段資料告訴他人，直接問我郵遞區號是多少，我肯定當場被考倒，除非讓我先背出鎮名和州名，接著我才能順利背出郵遞區號。電話號碼也是如此，我必須先說出區域號碼才能背出其餘的號碼——這就是一種內建訊號的連鎖行爲。

我們每天所做的許多事（如沖澡後穿上衣服）都是這類連鎖行爲。行爲分析學者發現教導具有發展缺陷的人們時，仔細建立依訊號行事並獲增強的連鎖行爲對於這些人的獨立或半獨立生活技巧有極大助益。

我們都看得到連鎖行爲的用處及效用，但是我們常看不出來的是，我們眼中所見的錯誤行爲常只是連鎖行爲瓦解後的結果。我幫訓犬師上操作制約課程時曾聽過許多他們在狗兒沒做對時的解釋：「這隻狗很頑固。」、「牠只是企圖報復我。」、「牠很緊張／發情了／剛發情結束。」或其他說法。其實牠的犯錯，只是訓練者建立或維持連鎖行爲不力的結果。

當構成連鎖行爲的行爲當中，有一些未學成的行爲或尚未受到刺激控制的行爲時，這個連鎖行爲便會瓦解崩離。當訓練對象不懂得訊號或無法達成訊號所要求的行爲時，你便無法利用這個訊號增強，這代表每個連鎖行爲都應該倒過來訓練，從最後一個行爲開始訓練，先確定訓練對象已經學會這個行爲，而且也能辨識出引發這個行爲的訊號，然後再訓練倒數第二個行爲，如法炮製直到完成所有行爲。當你想背一首詩、一段音樂、講稿或台詞時，把它分成五個段落，把次序反過來，從最後一段開始背起，從自己最弱的部份背到最熟練的部份；相反的，若依照記憶內容原先撰寫及呈現的順序開始背誦，你便必須不斷從熟悉的段落背到較爲困難且未知的段落，這種經驗讓人極無成就感。以看待連鎖行爲的方式處理背誦一事，不僅可以縮短所需的記憶時間，也能讓整個背誦過程變得較爲愉快。

連鎖行爲是個獨特奇怪的概念，我自己也曾經因它大感挫折，覺得自己已經無計可施了，卻還是沒辦法讓某隻動物、某個小孩或自己去進行一些顯然並不難的連鎖行爲，直到我領悟到原來我一直把連鎖行爲的訓練順序弄反了。

加上糖霜裝飾是做蛋糕時的最後一個步驟，如果你想讓孩子喜歡做蛋糕這件事，你的第一步應該是在裝飾糖霜時請他們來「幫忙」。

教狗兒玩飛盤：一個連鎖行為的例子

我有一位住在紐約市的朋友，每個週末都帶他的黃金獵犬到中央公園玩飛盤，他告訴我，生活中似乎到處是束手無策、不知如何教狗兒玩飛盤遊戲的人。這眞是一件可惜的事，因爲對居住在都市裡的大型犬而言，玩飛盤是絕佳的運動方式。飛盤的速度比球慢得多，移動的方向也較飄忽不定，或許更接近眞正的獵物。激勵狗兒躍入空中做出花式飛接讓飼主感到很有趣，而且玩飛盤時飼主可以站在原地，卻仍能讓狗兒來回奔跑。

飼主常見的抱怨是，當狗兒受到鼓勵，也就是看到飛盤揮動時，牠會跳起來試圖咬飛盤，但是當他們把飛盤丟出去時，狗兒只站在原地看飛盤飛走，牠或許會去追它、咬住它，但是從來不把飛盤拿回來。

飛盤遊戲有兩個訓練關鍵：第一、狗兒追逐飛盤的距離必須慢慢以塑形拉長。第二、這個遊戲是種連鎖行爲：狗兒去追飛盤，然後咬住飛盤，最後銜著飛盤回來，等待下次丟出的機會。所以每一項行爲都必須分別訓練，而且這個連鎖行爲的最後一步——銜回飛盤的行爲——必須第一個訓練。

你可以先從極短的距離（甚至從室內開始）訓練銜回，利用很容易銜住的東西（例如舊襪子）作訓練，獵犬犬種幾乎都會自動自發地銜回，但是其他犬種（如鬥牛犬和拳師犬）則必須小心塑形出放下飛盤或交還給人的行爲，因爲牠們通常喜歡玩拔河遊戲。

在狗兒能夠依訊號銜回東西並且還給你之後，你再塑形牠接飛盤的動作。首先在狗兒面前晃動飛盤，讓狗兒興奮不已，重複給牠飛盤再拿回來，當然，當牠把飛盤還回來時一定得瘋狂讚美。然後把飛盤拿在半空中，當牠跳起來咬時就給牠，再讓牠還回來。接著把飛盤短暫地丟入空中一秒，如果牠接到了飛盤就大肆稱讚牠。當牠有了接飛盤的概念之後，你可以開始塑形這個連鎖行爲的第一步——追飛盤；把飛盤往上丟，丟到離你一兩公尺處，讓狗兒必須跑去追它才接得到。

現在你的狗正朝著可能成爲超級飛盤狗之路邁進。在距離漸漸拉遠之後，狗兒必須學習觀察飛盤走向並且找出接飛盤的最佳位置。這需要多多練習，所以要訓練牠去接二十五呎遠的飛盤可能得花上一兩個週末。學習迅速的狗兒最後將能夠精通接飛盤的技巧，丟得再遠也接得到——美國飛盤狗明星「艾詩禮．惠比特」（Ashley Whippet）接得到飛越一個足球場的飛盤。狗兒似乎對自己的特長感到沾沾自喜，當牠們表現出色或做出漂亮的越肩飛接動作時，觀眾發出的歡聲喝采也讓狗兒神采飛揚。然而，狗兒接到飛盤後之所以會返回，是因爲這個行爲是這一連串連鎖行爲中最早開始訓練的，而且這個最後步驟將帶給牠增強（你可能會稱讚牠或再度擲出飛盤）。

當然你也會發現，若是牠好幾次帶回飛盤而你卻沒稱讚或擲出飛盤時，這個銜回的行爲將會每況愈下。此外，當狗兒累得不想再玩時，牠銜回的動作將開始蹣跚，不是銜回的速度變慢就是在途中丟下飛盤，這代表你必須趕快停止遊戲——你和牠都已經玩夠了。

類化刺激控制的概念

對於多數動物而言，起初建立刺激控制時都必須花些時間，但是通常到了建立第三個或第四個行為的刺激控制時，你將會發現動物似乎已能開始類化，或者已經了解它的概念。等到牠們學會第三個或第四個訊號控制的行為之後，多數訓練對象似乎已體認到特定事件的出現是種訊號，每個訊號代表一個不同的行為，能否獲得增強視牠能否辨識出訊號並出現正確反應。自此之後，要建立習得刺激將易如反掌，動物已經有了概念，牠只需要學習辨認新的訊號並且聯結它們到正確的行為上即可。身為訓練者的你必須盡可能讓過程清楚明白，這麼一來，日後訓練起來將比當初剛開始訓練時的費力步驟快得多。

人們的類化速度更快，甚至只要獎勵他們對一個指令產生反應，他們為了獲得增強將很快對其他指令也產生反應。我的朋友「李」在紐約市較差的地區教小學六年級數學，每當新學年開始他總是先訓練學生聽從他的請求不吃口香糖。他不利用脅迫，只說：「好，大家注意，我們第一件要做的事是從嘴裡取出口香糖，做得好！噢！等一下，朵琳嘴裡還有一些口香糖……太棒了！她取出口香糖了，大家為朵琳鼓掌歡呼！」他也教學生課後再吃口香糖（以「下課！」二字作為增強物），這麼做或許看來無關緊要，甚至很無聊（不過這倒省得李看著一群嘴巴嚼來嚼去，他最討厭上課時這樣），可是他發現這樣的訓練使學生意識到，回應老師的請求之後即可能獲得增強。

當然，如同一位好的虎鯨訓練師，李也利用各式不同的增強物，除了好成績和他給予的認可之外，也使用遊戲、同儕認可、提早下課的特權，甚至給他們免費的口香糖。當然，他起初花了不少時間在口香糖上，他把它分成小段，一小段一小段地拿來用，他的學生都認爲他對口香糖有種奇特的偏執，不過這些孩子也學習到，這個人言出必行，達到他的要求代價也不錯，所以大致來說他們都變得反應頗佳且很專注。

其他老師認爲李有種讓學生安靜下來的天生本領，校長認爲他是個「紀律分明的人」，李則認爲這些孩子很聰明，舉一反三不成問題，他樂見其成，而且他也樂見不吃口香糖的學生。

習成前低潮及發飆

讓行爲受到刺激控制的過程中，常出現一個有趣的現象，我稱之爲「習成前低潮（prelearning dip）。當你塑形出某個行爲，正進行刺激控制的訓練時，突然間訓練對象不但對該刺激毫無反應，而且完全不反應了，牠的樣子就像從未聽聞過這個你之前已塑形出來的行爲。

這可能使訓練者極度挫折，本來你已經厲害地教會雞跳舞，現在你想訓練牠只有當你舉起右手時才跳舞，但牠卻只是看看你的右手卻不跳舞，或者當你給訊號時牠可能站著不動，沒給訊號時反倒熱情亂舞。

如果把這個過程繪成圖表，隨著正確反應率（即訊號出現才產生反應的比例）逐漸增加，你將看見一條緩慢爬昇的曲線，接著，當正確反應率掉到零時，這條線便會突然跌至谷底（遇到多次毫無反應或錯誤反應）。但只要你持之以恆就可以等到訓練對象開竅，突然間，牠會從完全失敗的情形一下跳昇到極佳的反應——你一舉起右手，雞立即起舞，這個行爲已經受到了刺激控制。

依我看來，這個現象是因爲起初訓練對象學習某個訊號時並未眞正意識到自己的行爲，訓練者只看到正確的反應緩慢增加，出現令人振奮的行爲傾向。然後訓練對象注意到那個訊號，理解到該訊號與獲得增強有某種關係，這時牠全神貫注在這個訊號上，而不是想著出現行爲，當然就不會出現反應，也不會獲得增強。如果訓練者持之以恆，一試再試，剛巧訊號出現時它再度出現行爲而獲得增強，訓練對象就會「有了概念」，自此以後它便「知道」訊號代表的意思，並且會自信滿滿地出現正確反應。

我知道我丟出了一些諸如「意識」和「知道」的字眼，用以描述訓練對象腦袋裡的狀況，然而多數心理學家並不樂見這些字眼用在動物身上。訓練動物時，如果見到正確反應逐步增加，但未發生任何重大事件，有時的確很難判斷這隻動物何時（或甚至是否）已經意識到自己的行為。不過，當出現習成前低潮時，我認為它是意識轉變的訊號，無論是哪個物種都一樣。我曾看過夏威夷大學研究學者麥克．沃柯（Michael Walker）研究鮪魚感官區辨的實驗數據，它明白顯示習成前低潮（因而出現了某種程度的意識轉變）；鮪魚雖然是智商較高的魚類之一，不過畢竟牠不過是條魚。

習成前低潮期間對訓練對象可能極為挫折，我們都知道勉強掙扎做著一知半解的事情（常見例子是數學概念），卻心知肚明自己根本不太懂時，那有多令人不安。訓練對象因此常感到甚為挫折而出現憤怒及攻擊行為，小孩嚎啕大哭並用鉛筆猛戳數學課本，海豚跳出水面再用力以身體側擊水面，不斷濺出水波，馬匹把尾巴左右擺動並作勢想踢，狗兒則發出低吼。沃柯發現訓練刺激控制時，如果他讓鮪魚出錯，每次只要超過四十五秒沒獲得增強，牠們就會生氣地跳出魚缸。我稱此為「習成前低潮發飆行為」（prelearning temper tantrum），就我看來訓練對象之所以發飆似乎是因為它一直以為對的事突然變成不對了，而且此時並未出現清楚明白的理由。

人類習成前發飆行為似乎常發生於長期信念受到挑戰、而且心裡明白新資訊陳述部分事實的時候，當人們理解到自己過去所學並非全然為真時似乎會猛烈反擊，出現反應過度的情形，逾越當下合宜出現的異議、討論或質詢行為。我在科學學術會議上談論增強主題時，有時候會引起諸多出乎意料的敵意，包括認知心理學家、神經學專家和一位英國主教，我常懷疑這些憤怒的字眼其實就是習成前症狀。

我看見習成前發飆行爲出現時總是感到難過，即便對象是鮪魚也一樣，因爲運用得當的訓練技巧應該能夠帶領訓練對象適應學習上的轉換，不致引起極度挫折。不過，我把習成前發飆行爲視爲一種強力指標，它代表眞正的學習行爲終於即將發生，如果你能袖手旁觀，讓它如暴風雨般來了又去，天空的另一端或許便會出現彩虹。

刺激控制的用途

沒有人需要整天利用訊號控制他人或被人控制，生物並不是機器，我們也沒有必要指使全世界，如果孩子們東摸西玩而你也不趕時間的話，那就慢慢來吧。已經辛勤工作的員工並不需要命令或指導，以沒有必要存在的規定包圍自己或他人毫無意義可言，這麼做只會滋生反抗心理。事實上執行習得訊號的反應必須花費氣力，如果不斷要求對方持續執行，這樣不但不應該，對方也做不到。

刺激控制顯然能夠教出願意合作的孩子、聽話服從的寵物及可信賴的工作人員等，極度特定的刺激控制對許多團體活動（如行進樂隊、舞團表演及團體運動）也不可或缺，對於複雜習得訊號出現反應時可產生一些成就感，甚至連動物似乎也樂在其中。我認爲這是因爲如同在連鎖行爲中一樣，這些訊號都變成了增強物，所以當人或動物精通所有行爲和訊號之後，反應的執行帶來很大的增強效果，簡而言之，它成爲很有趣的一件事，因此參與訊號控制下的團體活動（如跳方塊舞、打足球、團體唱歌或演奏樂器等）成爲很有樂趣的一件事。

當我們看到行爲受到絕佳刺激控制時，例如對於美國海軍藍天使中隊噴射機特技飛行表演或教室裡秩序良好的兒童，我們的稱讚常著重於服從紀律的行爲：「他們眞的紀律嚴謹。」或「那位老師很懂得如何維持紀律。」然而，「紀律」二字隱含著處罰之意，如前述所見，建立刺激控制時處罰相當沒有必要。

一般流傳的觀念是，「紀律執行者」指的是一心只求完美、未達完美即施以處罰的教練、家長或訓練師，而非指那些朝著完美目標逐漸出現進步即施以獎勵的人，因此一心想建立「紀律」的人常易試圖以「照我的話做否則……」的方式獲得刺激控制，由於訓練對象必須犯下錯誤或不服從後才能知道那個「否則……」是什麼，而且這個行爲早已覆水難收，這個廣爲使用的方法並沒有什麼成效。

眞正高超的刺激控制是利用塑形法及增強而建立，它出現的成效可能被我們視爲紀律的表現，不過眞正應該嚴守紀律的人卻是訓練者。

沒錯，那麼從何開始著手呢？如果你的週遭全是一些一再忽視訊號、不予理會的人該怎麼辦？以下是我遇上一個棘手例子時，有效致使改變所使用的方法：

（我看見一位來家中作客的年輕人把溼泳衣和溼毛巾放在客廳沙發上）

我：「請把溼東西從沙發上拿走，放到乾衣機裡。」

年輕人：「好啦，馬上會去做。」

（我走到年輕人身旁站著，不出一語）

年輕人：「妳怎麼了？」

我：「請把溼東西從沙發上拿走，放到乾衣機裡。」（注意：我沒有加上「現在」、「馬上」或「我不是開玩笑的」等字句，我要訓練這個人一聽到請求就去做，而不是等到這個訊號被進一步的訊息或威脅加強之後才這麼做。）

年輕人：「哎唷，妳這麼急的話，爲什麼不自己去做？」

（我和善地微笑不語，等著加強那個我希望看見的行爲，頂嘴不是我想看到的行爲，所以我不予理會。）

年輕人：「好啦，好啦！」（他站起來，走向沙發，把東西拿起來，丟到洗衣間裡。）

我：「放到乾衣機裡。」

（年輕人一邊咕噥、一邊把東西放入乾衣機。）

我：「謝謝你！」（誠懇地、不帶諷刺地對著他笑）

下次當我想請這位年輕人做事時或許只需要看著他，他便會去做了。不用多久他將成爲家中另一位迅速回應我的請求的人，而我也會公平地做我該做的事——回應他合理的請求，也會留意不對他過份要求。

若能了解不須大吼大叫或逼迫也能獲得刺激控制的方法，大家（無論是訓練者或訓練對象）都樂得輕鬆。我女兒蓋兒高三時擔任班上戲劇表演的導演，每年都會指派一名學生擔任這項工作，她有約男女各二十名的龐大卡司，過程進行很順利，演出也極爲成功。演出最後一天他們的戲劇指導老師告訴我，她很驚訝排練過程中蓋兒從沒罵過人，通常學生導演都會罵人，但蓋兒從不曾這麼做。我不加思索地脫口而出：「那當然，她是動物訓練師。」我從老師的表情領悟到自己說錯話了——她的學生並不是「動物」！不過，我的意思當然只是表示，蓋兒應該知道建立起刺激控制並不需要多餘的誇張作法。

明白如何作刺激控制的人，會自制避免給予任何無用的指示、無理的要求、無法理解的指令或無法達成的命令，如果他們無法貫徹指令的執行，他們便不會給予指令，他們總是清楚明白地告知期望，也不會因爲反應很差而大發雷霆，他們不會以嘮叨、罵人、嘀咕、強迫、乞求或威脅的方式達到目的，因爲他們沒有必要這麼做，而當你要求他們時，一旦他們答應了，他們一定會去做。當你讓全家人、同住一屋的人或整個公司的人受到眞正的刺激控制時——所有人都遵守約定，只說必要的話而且言出必行，它的高工作效率、

4

反訓練

利用增強去除不想要的行為

現在你已經知道如何建立新的行爲，那麼如何去除現在存在的不良行爲呢？

人類和動物總是會做一些我們不希望他們做的事，孩子在車子裡鬼叫又吵架，狗兒整晚吠個不停，貓咪抓壞家具，室友到處亂丟髒衣服，親戚老是打電話找喳指使，這些都是我們不喜歡的行爲。

去除行爲的方法有八招，只有八招而已！無論是室友生活習慣不佳的長期行爲問題或是小孩在車內吵鬧的暫時性行爲問題，任何用來對付問題的方法都脫不了其中一招的變化運用（這裡不針對諸如精神病患或危險狗兒無可預測的複雜多重行爲問題，我指的是單一不良行爲）。以下列出這八招：

第一招：斃了他（牠）！（這招絕對有效，你將永遠看不到到這個人或這隻動物。）

第二招：處罰。（大家最愛用這一招，雖然它幾乎很少有實際成效。）

第三招：負增強。（當喜見行爲出現時，即移除令動物不快的事物。）

第四招：消弱，讓行爲自行消失。

第五招：訓練一個不相容的行爲。（這招對運動員和寵物飼主特別好用。）

第六招：訓練這個行爲只依訊號出現。（然後永遠不給這個訊號，這是海豚訓練師用來去除不良行爲最高段招數。）

第七招：塑形出行爲的消失，增強任何不是該行爲的行爲。（這個友善招數可以讓討厭的親戚轉變爲相處愉快的親戚。）

第八招：改變動機。（這招最爲根本，也最爲友善。）

你可以看到以上有四個「壞心眼」招數（即負向作法）和四個「好心眼」招數（即利用正增強的方法），每招都有它的作用，以下我將一一介紹每一招的優缺點，並提到該招數奏效的情境故事，我也會列出一些常見的行爲問題（例如愛吠叫的狗、老愛生氣的另一半等等），並且舉出如何以每一招應對的實例。

我並不推薦所有招數，例如，我認爲爲了解決狗兒整夜吠叫的問題而讓獸醫割掉狗兒聲帶（第一招）的方法很差勁，雖然當我舅舅的鄰居抱怨他養的海獅吠聲太吵時，我勉爲其難地讓他這麼做，但我的看法仍然不變；當然，很少人會把海獅養在自家游泳池裡，以當時情境來看或許這是最好的方法。

我沒辦法告訴你想要去除討厭行爲時到底該用哪一招，你是訓練的人，你必須自己決定。

第一招：斃了他（牠）！

這一招永遠不會失效，你絕對不會再度看到對方或那隻動物出現行爲問題。事實上對於狗兒咬死羊隻的問題，它是全世界唯一認可有效的方法。

死刑便是第一招的應用，無論死刑帶有什麼道德或其他涵義，當兇手被處決之後，他當然不可能再度犯案，第一招以除去行爲者的方式暫時性或永久性地去除行爲。

開除員工、離婚、受不了骯髒室友而換室友都是應用第一招的方法，雖然換人之後或許會產生新的問題，但是做出特定行爲而令你受不了的人已經消失，而那個行爲也隨之消失。

第一招相當嚴厲，當行爲造成極大反感，叫人無法忍受而且似乎不太可能輕易改變時，這一招有時便很適用；舉例來說，若父母（配偶或子女）施予家暴，人們有時會眞的動手除掉對方，在危及性命的自衛情況下，這個作法可能無可厚非，而離家是另一解決辦法，也較爲人道。

我養過一隻習慣特殊的貓咪，牠會在半夜偷溜進廚房，跑到爐口上尿尿，第二天當我們不知情而點燃爐子時，那尿味可眞夠薰死人。這隻貓咪可以自由進出屋子內外，我從沒當場逮到牠這麼做，當我們把爐口蓋起來，牠就直接尿在蓋子上。我沒辦法分析出牠的動

第一招：斃了他（牠）！

第一招確實能將問題解決，但它並不一定是每個情況的最佳解決辦法。

行爲	解決方法
室友到處亂丟髒衣服	換室友
狗在院子裡整夜狂吠	斃了牠；把牠賣掉；請獸醫割掉聲帶
孩子在車裡太吵	讓他們走路；讓他們坐公車；請別人開車
老公或老婆回家時情緒總是很差	離婚
網球揮拍動作有問題	不再打網球
員工迴避工作責任或懶惰	開除他們
討厭寫謝函	不要寫謝卡，這樣大家以後可能就不會再送禮物給你，也沒必要再寫謝卡了
貓咪跳上餐桌	把貓咪關在屋外或把牠送走
公車司機粗魯無禮，讓你很生氣	下車，改搭另一輛公車
你認爲應該自立的成年子女想搬回家住	堅持拒絕

機，最後我帶牠去收容所安樂死了，這是第一招的作法。

第一招有許多簡單常見的應用方法：大人要求打擾談話的小孩回自己房間、把愛追車的狗拴起來、讓犯罪的人坐牢一陣子……等，我們常把這些方法誤認爲處罰（第二招），事實上這些卻全屬於第一招，這些去除行爲的方法主要是限制了這些人的行動，或讓這些人消失，讓他們無法出現該行爲。

在第一招的方法中，有一個必須知道的要點：這種方法並沒有教會對方任何事情，無論是限制行動、關起來、離婚或坐電椅，這些都沒辦法教會對方到底該做什麼事。小偷坐過牢以後應該會三思而後行似乎很合理，但事實通常很少如此，只有當他被關起來時我們才能確定他無法偷走你的電視。

如果某個行爲能獲得某種增強，而且引發這個行爲出現的動機和情境都存在的話，這個行爲便很可能會出現。

當人或動物的行動受限時，他或牠並沒有重新學習行爲，一旦解開狗兒的拴繩，牠馬上又會去追車子。你無法修正並未發生的行爲，被關在自己房裡的小孩可能學會了憎恨或害怕你，但是並未學會參與社交談話的禮貌。

不過第一招也有其用處，這個通常最爲實際的解決方法並不一定都很殘忍無情。我們沒時間訓練或監督對方時，常會暫時使用限制活動範圍的方式，把嬰兒放在搖籃或嬰兒車上讓他們自己玩，多數嬰兒在短時間內並不會抗議。而現在大部分人都讓寵物犬整天待在屋裡，於是讓幼犬待在運輸籠裡已經成爲輔助訓練大小便的標準作法，狗兒喜歡睡在舒適的獨享空間裡，牠們多半很快把籠子當成家，白天會自動進籠休息。

即使是年紀很小的幼犬也不喜歡把睡處弄髒，所以無法看著幼犬時把牠關起來可以減少亂大小便的情況，而且這通常代表當你把牠從籠內帶出來時，牠剛好需要來趟教育之旅，學習到院子裡上廁所會獲得增強。如果關的時間較長，常見作法是把幼犬放在圍欄裡，地上鋪好報紙，把門半開的運輸籠放在一角，讓牠有空間跑跳，玩一玩，需要上廁所時可以出籠，清理起來也不難，至少沒人在家時牠無法跑到地毯上留下尿漬。

第二招：處罰

這是人類最愛用的一招，當行為出現偏差時，我們往往直覺想到處罰：罵小孩、打狗、扣薪、給公司罰單、凌虐異議份子、入侵某個國家，但是利用處罰來改變行為是很遜的作法，事實上，處罰多半完全不管用。

在我們談及處罰的作用和無用之處前，先來看看嘗試處罰之後，發現毫無效果時我們會怎麼做。如果因為小孩、狗兒或員工出現某個行為而處罰他們，但該行為又再度出現，這時我們通常不會說：「唔，處罰不管用，試試別的方法好了。」我們會加重處罰，用罵的沒用就改用打的，孩子成績滿江紅時沒收他的自行車，下次又滿江紅時就沒收滑板；員工打混？威脅他們。沒用？那就扣薪水！還是沒用？把他們停職或解雇，或乾脆請軍隊來管理；毒打改不了異議份子的行為？也許上了夾指板或用其他酷刑就會有用了。

加重處罰是很可怕的作法，它永遠沒完沒了，人們為求處罰奏效甚至到了無所不試、無所不用其極的地步，猩猩或大象並不在乎這種事，可是有史以來，甚或更早以前，人類的腦子都被它所占據。

處罰是在行為發生以後才發生，這是它往往不管用的一個原因，如同打官司的情形一樣，在行爲過後很久才發生，因此對方不一定會把處罰和自己過去的行爲聯想在一塊兒；動物永遠都不會這麼做，而人類也不常這麼做。如果每偷一次東西馬上就會有一根手指自動脫落，或者每當違規停車時車子就會突然起火燃燒，我想贓物和停車罰單應該幾乎都不會存在。

第二招如同第一招，對方不會因此學習到任何事，雖然即時的處罰可能會停止當下的行爲，但它不會導致任何行爲的改進。處罰並不能教孩子如何讓成績變好，最多只能期望孩子的動機出現改變，爲了避免處罰而將設法改變行爲。

對於多數動物而言，爲了迴避未來後果而學習改變未來行爲的概念是難以理解的，如果有人因爲自己的獵鳥犬跑去追兔子而把牠毒打得半死，這隻狗完全不會明白牠之所以被處罰是因爲剛才所做的事，但牠可能會因此變得懼怕主人，以後當牠追兔子時主人一叫就會走開，或者主人叫牠回來牠會拼命趕緊飛奔而來，然而毒打這件事對追兔子的行爲並不會產生影響。

順帶一提的是，貓咪聯結自己行爲及處罰的能力似乎特別差，牠們和鳥類一樣，受到威脅時只會變得驚怕，什麼都沒學到，因此人們才會認爲貓咪很難訓練。牠們眞的無法以處罰的方式訓練，但是利用正增強則輕而易舉。

處罰或威脅無法協助訓練對象學習修正行爲，但卻會讓他們所學習到的設法別被逮到

第二招：處罰

這些方法極少奏效而且會越用越沒效果，但仍受到廣泛使用。

行爲	解決方法
室友到處亂丟髒衣服	大吼大罵；威脅他這些衣服將被沒收並丟掉；眞的把衣服丟掉
狗在院子裡整夜狂吠	出去扁牠一頓；牠一吠叫就用水噴牠（注意：狗兒可能很開心看到你出來，而「原諒」了這個處罰。）
孩子在車裡太吵	大罵他們；威脅；轉身打他們
老公或老婆回家時情緒總是很差	開始吵架；把晚餐煮焦；自怨自艾、罵對方、哭泣
網球揮拍動作有問題	每次打壞球就對自己罵髒話、生氣及批評
員工迴避工作責任或懶惰	最好在眾目睽睽下罵他們或批評他們；威脅扣薪水或眞的扣薪水
討厭寫謝函	以遲遲不寫但同時卻感到內疚的方式處罰自己
貓咪跳上餐桌	打牠或趕牠下來
公車司機粗魯無禮，讓你很生氣	記下他的司機編號，向公司投訴，設法讓他轉職、受懲或被開除
你認爲應該自立的成年子女想搬回家住	讓他搬回來住，但是讓他住得很難過

的行爲——當行爲動機極爲強烈而無法不持續行爲時（例如飢餓時偷食物、青少年加入幫派）尤其會如此；在處罰體制之下用計規避的行爲將急劇增加。此外，持續處罰或嚴厲處罰有一些極爲棘手的副作用：被處罰者會出現恐懼、憤怒、厭惡、反抗，甚至怨恨，有時施行處罰的人也一樣，這些情緒對學習全無助益（除非你希望對方學習到恐懼、憤怒及怨恨；

恐怖份子的訓練有時便會故意這麼做）。

有時候行爲受到處罰後便停止出現，這是我們一直以爲處罰有效的理由之一，但它的前提是：(1)訓練對象了解哪個行爲帶來處罰(2)產生行爲的動機不大(3)非常畏懼處罰(4)訓練對象有能力控制該行爲發生與否（例如尿床問題便無法以處罰解決）。第一次拿蠟筆在牆上亂塗即被罵得臭頭的小孩很可能不會再在家裡牆壁上亂塗，不老實申報所得稅而被罰錢的國民可能就不會再犯。

以處罰停止行爲最可能奏效的時機，是在行爲剛出現不久、並在它形成習慣之前，而且處罰本身對訓練對象而言必須是全新的體驗，具有驚嚇的作用，不能等到對方習以爲常。

在我的成長過程中，我的父母只處罰過我兩次（而且只不過是責罵而已），一次是因爲我六歲時偷東西，另一次是因爲我十五歲時逃學，大家誤以爲我被綁架了，但這兩次處罰發揮了極大效果，我立即停止了這些行爲。

若要使用處罰，你可能還需要設計一下，讓訓練對象認爲是他（牠）的行爲導致這個厭惡刺激，與處罰者沒有關係。假設你有隻喜歡睡在沙發上的長毛大狗，但你不想牠這麼做，處罰（責罵或其他方式）可能會使牠在你在場時不上沙發，但不在時立刻又會上去。早年的訓練方法是在沙發上放置小型捕鼠夾（無人在場的處罰），當狗兒跳上沙發時，捕鼠夾馬上跳起來，嚇牠一跳，或許還可能夾到牠；捕鼠夾處罰了跳上沙發的行為，它同時也負增強為了避免被夾而待在地上的行為，狗兒的行為引發不快事件發生，一次不佳的經驗便足以停止偷上沙發的行為。我得趕緊補充一點，這個方法不一定對所有狗兒都管用，有個拳師犬飼主提報，他的狗在第二次看到捕鼠夾時，從沙發背上把一條毯子拉到捕鼠夾上頭，讓它們全跳起來，然後安然躺在沙發的毯子上。

當處罰有效停止行為時，這個過程對施行處罰者具有極大的增強效果，於是以後處罰者很容易自信滿滿再度施行處罰。有些人對處罰功效深信不疑的程度總是讓我感到訝異，我曾經看過嚴格的學校老師、恃強欺弱的運動教練、跋扈的上司和善意的父母出現這種行為，而且他們會為這種作法辯護。只要在一大堆不怎麼好的結果當中只出現幾個成功例子即可能維持這些處罰行為，而且即使眼見其他完全不處罰的同校老師、教練、公司老板、將軍、總統或家長出現同樣好或更好的成果，他們仍可能堅持這些處罰行為。

處罰常帶有報復的成份，實際上有些處罰者可能並不在乎受害者的行為是否改變，他只是想要報復。有時向誰報復並不重要，例如那些暗自竊喜的難搞辦事員，藉著一些小細節刻意刁難，拖延或不讓你拿到駕照、貸款或借書證；你受到處罰，他們得到報復。

處罰對處罰者之所以具有增強效果的另一個原因是，它顯示出強勢地位並有助它的維持，在小男孩的體型足以反擊暴戾父親以前，父親感覺到自己的強勢，而且實際上也位居強勢，它其實可能是人類傾於使用處罰的主要背後動機：建立及維持強勢地位，處罰者關心的可能不是行爲，而是想證實自己具有較高地位。

位階制度、地位爭奪及試探是所有社會性動物（從一群鵝至人類政府組織）的基本特質，但是或許只有人類學會利用處罰爲自己獲取強勢地位伴隨而來的獎勵。

你所想要的是讓狗兒、小孩、配偶或員工改變某個特定行爲嗎？如果是這樣，這是個訓練問題，你必須明白利用處罰作爲訓練方法的缺點。但如果你要的其實是報復？那麼，你應該爲自己尋求有益身心健康的增強物。

或許，你眞的非常希望狗兒、小孩、配偶、員工或鄰國等等不再違逆，無論用任何手段，你都不希望對方繼續違抗你至高無上的意願及判斷力，若是如此，你所要的是爭取地位，你得自己想辦法，我不再多談。

罪惡感和羞愧感是自我加諸的處罰形式，沒有什麼感受比被罪惡感緊緊揪住更叫人不舒服，這是人類才發展得出來的處罰方式，有些動物（尤其狗兒）或許可能表現出困窘難堪的樣子，但是我不認爲牠們會浪費時間對過去的行爲感到內疚。

加諸自己身上的罪惡感有的人多有的人少，有人犯下滔天大罪之後仍感到輕鬆自在、合理應當，有人卻只是嚼個口香糖就感到罪惡。很多人在日常生活中並不感到罪惡或羞愧，這並非因爲他們很完美或因爲他們是遲鈍的樂天派，而是因爲他們在處理自己的作爲時另有他法；當他們做出某項行爲但日後回想起來感到不妥時，他們就不再出現這個行爲，不過有些人卻會重蹈覆轍——在派對上出糗、對所愛的人說出無可原諒的話語——即使這些行爲隔天一定會讓他內疚難當。

大家可能以爲害怕內疚的心理可以遏阻行爲，但當我們做出日後將導致內疚的行爲時，當下通常無畏無懼，因此以罪惡感作爲改變行爲的方法，它的作用與鞭打等延遲發生的處罰方法差不多——效果都不佳。

因此，如果你是這種以罪惡感處罰自己的人（我們多半都是這種人，因爲從小就被教導這麼做），你應該認清這個作法屬於第二招，而且你可能對自己過度嚴苛，想去除這個使你內疚的行爲或許有個好理由，如果是如此，改用自我處罰以外的方法或併用其他方法或許可以獲得更好的效果。

第三招：負增強

負增強物是引起不快的事件或刺激（無論多麼輕微），但只要行爲改變即可避免或讓它停止。舉例說明：野地上有頭牛伸出鼻頭觸碰通電圍欄，牠感受到電擊，抽回鼻頭之後電擊即消失，因此牠學習到不碰圍欄即可避免電擊；在碰觸圍欄的行爲受到處罰的同時，避開圍欄的行爲受到了增強，但這屬於負增強物而非正增強物。

現實生活中到處充滿了負增強物：當椅子坐得不舒服時我們會改變坐姿、我們知道下雨時最好進屋裡、有些人覺得大蒜味引發食慾，但有些人覺得它令人作嘔等。一個刺激成爲負增強物的條件是(1)行爲者覺得它令人不快(2)爲了去除不快而改變了行爲；例如，在公車上爲了遠離滿嘴大蒜味的人而換位子。

如我們在第一章所見，幾乎所有訓練動物的傳統方法都是運用負增強原理，當馬轡往左拉時，馬匹學會向左轉，如此能舒解牠左邊嘴角感覺到的拉力；大象、公牛、駱駝等荷重的工作動物爲了避免被轡繩拉扯或遭棒子、刺棍或鞭子戳抽，因而學會往前走、停下來或拖動重物等動作。

負增強也可用來塑形行爲，它與正增強一樣，必須與行爲的出現有關連性，出現正確反應時必須停止這種「惱人刺激」。不幸的是，由於任何形式的「惱人刺激」都將導致行爲改變，因此施予刺激的人可能同時受到正增強，如同處罰一樣，它將提高施予厭惡刺激的機率。舉例來說，當嘮叨有效時，嘮叨對嘮叨者便具有增強作用，所以他將變本加厲地嘮叨，有時嚴重到即使想要的行爲已經出現，卻仍持續嘮叨。想想美國小說家羅斯（Philip Roth）小說《波特諾伊的抱怨》（*Portnoy's Complaint*）中，一位母親在兒子探視時仍抱怨著：「我們從來都見不到你。」

正增強和負增強的關連行爲常交互作用，行爲學家麥爾娜．利比（Myrna Libby）博

第三招：負增強

負增強在某些情況下可能會奏效，而且可能是最佳的選擇；當車裡的小孩太累且大鬧脾氣，無法乖乖聽話做其他事情，例如玩遊戲或唱歌（第五招）時，這裡提到停車的解決方式非常有效。

行爲	解決方法
室友到處亂丟髒衣服	拔掉電視接線或不讓他吃飯，直到他把髒衣服撿起來（當對方照著做時即停止負增強；起初即使他只隨便應付一下仍予以增強）。
狗在院子裡整夜狂吠	狗吠叫時用強光手電筒往牠的狗屋裡照，停止吠叫時即關掉手電筒。
孩子在車裡太吵	當吵鬧的音量超過可以忍受的限度時，把車停在路旁，看看書，不理會因爲停車引起的爭吵，等孩子全安靜下來才開車。
老公或老婆回家時情緒總是很差	當對方語調聽來令人討厭時，轉過身或暫時離開房間，等到沒聲音或回復正常語調時再立刻回去注意對方。
網球揮拍動作有問題	請教練或旁觀者在你每次揮拍動作不對時，馬上發出口頭糾正（「啊啊啊！」或「不對！」），逐漸練出不會被糾正的揮拍動作。
員工迴避工作責任或懶惰	緊迫盯人，每次工作表現未達水準立即予以指責。
討厭寫謝函	親友會自動自發給予負增強，艾莉絲姑姑會讓你知道她很擔心你沒收到圍巾，你的家人也會讓你知道你應該要寫謝卡給她，而且他們告知你的語氣絕對會讓你不好受。
貓咪跳上餐桌	把透明膠帶反過來（黏的一面朝上）放在餐桌邊。
公車司機粗魯無禮，讓你很生氣	擋住車門或站在司機身邊，讓他無法開車；當他停止講話，即使只是片刻也立即移開。
你認爲應該自立的成年子女想搬回家住	讓這個成年子女搬回家住，但和對待陌生人一樣，要求他付房租、飯錢和任何洗衣、看顧孩子等特別服務費，付出足以貼補同住的費用才讓他繼續住。

士向我舉了以下例子：一名小孩在店裡耍脾氣吵著要糖吃，家長作了讓步給他一支棒棒糖，因此耍脾氣的行爲受到糖果的正增強，但是更爲有效的是，家長的讓步行爲受到負增強，因爲小孩在公共場所耍脾氣爲家長帶來的不快和難堪確實消失了。

這個耍脾氣的行爲可能因此成爲惡性循環的一環，家長爲了停止該行爲，將竭盡所能使用安撫、反對、爭吵或增強的手段，所以耍脾氣的行爲逐漸變本加厲，也正因如此，家長不自覺地也提高了增強的層級。我知道有一戶人家的小孩幾乎每天晚上都要全力演出十五至二十分鐘耍脾氣哭鬧的戲碼，它只在晚餐時間發生，這名小孩的行爲和家長的焦慮反應都被緊密關連的正增強和負增強作用強烈維持，時間長達三年之久。

人們常常不由自主地對他人進行負增強：警告的眼神、皺眉或不滿的言辭，有些小孩日復一日的生活目的就是努力避免他人不滿，但過度處罰的小孩可能會變得充滿敵意或逃避，成年後自己也可能成爲處罰者。相反地，如果小孩成長過程中並非努力討人歡心，而是長期努力終止他人的不滿（即便只是暫時性），他成年後可能變得膽怯、自我猜疑且焦慮不安。一位專門治療恐懼症的治療師告訴我，她那些對群眾或電梯產生莫名恐懼而妨礙正常機能的病患，在他們的成長過程中，都是長期生活在負增強的要求之下。

由於負增強如同處罰一樣，都可以有效塑形出行爲的改善，因此這個體驗可能會增強訓練者使用逼迫手段的意願。莫瑞．西德門博士向我提及他的觀察：「即便極輕度的負增強，只要成功幾次即可能使訓練者變成奉行負增強的使用者。」

不過，由於負增強使用對方想要避免的厭惡刺激，每次使用負增強時必定存在處罰的意味，例如拉扯左側的馬轡時，繼續往前的行為便受到處罰，在此同時若馬匹開始向左轉，這個行為便獲得了負增強。傳統訓練師通常不認為自己的負增強物（馬轡、P字鏈或口頭糾正）是種處罰，畢竟，他們解釋這些工具的使用方法都相當溫和，如果訓練師真的想處罰，更重的處罰方法多得是，而且他們通常會接著補充，要是同時也大量給予稱讚和正增強物，長期來看並不會有什麼傷害。

然而，厭惡刺激的強烈程度取決於訓練對象的感受，訓練者視為輕度的刺激對訓練對象而言可能極度不快。此外，由於依定義而言，所有負增強必定存在處罰，習於使用負增強將使你冒著風險，因為所有無可預料的處罰副作用都可能出現，諸如逃避、偷偷摸摸、恐懼、迷惘、反抗、表現被動順從和減少主動性，也可能出現過度聯想，對任何當時剛好在場的週遭事物（包括訓練環境和訓練者）出現厭惡感，而將設法避開或甚至逃離。

仔細觀察傳統訓練利用負增強或糾錯的訓練方法，可以發現這種訓練方式導致的副作用昭然若揭。我參加過美國全國性犬隻服從競賽，看到許多表現一流的狗兒一臉悶悶不樂、不且不搖尾巴而且小心翼翼不敢亂動，這個樣子讓我很吃驚。你也可以到騎馬學校或馬術活動上，看看馬兒是否看起來開心，多數人（甚至包括專業馬術家和自認訓練方法十分現代及人道的人）都不知道馬兒愉悅時是什麼樣子，因爲他們從沒見過。

負增強可以是相當無害的，如同前述接近羞怯駱馬的例子。我女兒的狗很熱情，喜歡舔我孫子的臉，但這個喜歡狗狗的一歲孩子並不喜歡讓牠用口水洗臉，後來他發現只要他伸出雙手並且尖叫時，狗兒就不會上來舔，現在當狗兒搖著尾巴靠近時，他就擺出小朋友版本的「絕對不行！」姿勢，阻止了舔臉行爲。他對這個新行爲的作用相當滿意，有時也拿來用在爸媽和手足身上（雖然效果較爲不佳）。

不過整體而言，嬰兒是不適合以負增強教導的特定族群，想利用厭惡刺激阻止嬰孩做他必須做或想做的事是很困難的，嬰兒並不會了解暫停時間和責罵的意義，爬行的嬰孩伸手去拿祖母咖啡桌上的小裝飾物時，她很可能不會理睬大人「不可以！」的警告，手被大人打了，她會哭嚎，但是她的手仍然會繼續往前伸。這時如果應用第八招（改變動機）把東西放在她拿不到地方，或者第五招（訓練不相容的行爲）給她別的東西玩，或兩招併用，成效將大大改善。

雖然要嬰兒學習避開對自己不利的事物本來就不容易，但是他們能夠透過正增強快速學習，或許可以說嬰兒天生就喜歡討人歡心，但並不會言聽計從。幼年動物也較易透過正增強學習，而容易因處罰和負增強變得困惑驚怕。傳統訓犬師通常建議等到狗兒滿六個月才正式進行服從訓練，理由是幼犬年紀太小無法學習，但眞正的原因在於正式訓練一般採用厭惡刺激，而幼犬的年紀太小，無法透過這種方式學習。你幾乎可以利用稱讚、拍撫和食物教會幼犬任何事情，甚至在斷奶以前即可開始，如果以P字鏈迫使幼犬腳側隨行、坐下或定點不動，在你沒教會牠之前早已把牠嚇得魂飛魄散了。

野生動物是另一類特別不適合負增強的訓練對象，任何養野生動物（無論是豹貓、狼、浣熊或水獺）當作寵物的人都知道，這些動物不會任你下令擺佈；例如想用繩子牽著狼散步尤其困難，即使你自幼狼養到大而且牠也相當溫順亦然，如果你拉牠，牠會自動拉回去，而且無論這匹狼平常多麼穩定親人，如果你太堅持又拉得太用力，牠將變得驚慌失措、設法逃離。如果你把一隻馴服的寵物水獺繫上牽繩，不是你得往牠想走的方向去，就是牠死命和牽繩掙扎搏鬥，輕扯牽繩似乎不會出現介於兩者之間的反應，於是也無法拿來塑形順服牽繩的行爲。

海豚也一樣，即使人們大肆吹擂牠們很容易訓練，但其實當牠們受到任何強迫時不是出現反抗就是逃走，推海豚一把，牠會反推回來，如果以圍網將海豚群趕入另一個水池時令牠們感到過於擁擠，膽大的海豚將衝撞圍網，膽小者則帶著無助的恐懼沉入池底。你必須先利用正增強塑形出安靜游在圍網前方的行爲，而且即使你已這麼做，幾乎每次圍網驅趕海豚時都必須有一個人在旁留神待命，隨時準備跳入水中解開衝撞圍網而被纏住的海豚，以免牠無法換氣而溺死。

心理學家哈瑞．法蘭克（Harry Frank）提議，這種反抗負增強的行為是野生動物和馴養動物的主要分野，所有的馴養動物都能容許負增強，牠們可以被驅趕成群、被牽著走、被噓聲驅趕或者大致來說可以任人隨便推拉，人類可能在有意或無意之下選擇培育出牠們這些特性，畢竟如果牛隻無法被驅趕成群或被噓聲驅趕，反而像狼或海豚面對厭惡刺激時不是反抗就是驚逃的話，牠們就得待在圍欄外頭過夜而被山獅吃掉，或者因為老惹麻煩而被殺來吃。

無論「服從」的表現方式是表現願意屈服的樣子，或在負增強逼迫學習之下延遲出現戰或逃的反應，我們所有的馴養動物都具有這個內建反應。貓咪是唯一的例外，要教貓上牽繩散步真的很難，你可以到貓秀場去看，貓界專業人士甚至連試也不試——貓咪不是抱在手裡就是關在籠內，不會有人牽著貓咪四處逛。

哈瑞．法蘭克提議這是因為貓咪並沒有真的被馴養，因此缺乏接受負增強的能力，相反地，牠們可能是種片利共生型（communalism）的動物，同老鼠和蟑螂一樣，為了自身利益才與我們共享居所，不過貓咪卻更可能是種互利共生（mutualism）的動物，雙方互利互惠——我們人類提供食物、庇護所及拍撫，貓咪捉老鼠、提供我們娛樂及發出咕嚕聲，然而要牠們工作及服從？門兒都沒有。這可能解釋了有些人不喜歡貓的原因，貓咪的桀驁不馴、無法掌控令他們感到害怕。

那些討厭貓咪的人聽好了，對著貓咪的臉噴灑水是處罰貓咪一個極有效的方法，可用來當作負增強。有次我穿著一套全新的黑色羊毛洋裝參加晚宴，女主人的白色安哥拉長毛貓一直跳到我大腿上，女主人覺得這個行爲很可愛，可是我並不希望我的洋裝沾上白色貓毛，我在女主人沒看到時把手指放入酒裡，然後把酒彈到貓臉上，牠立即離開而且沒再跑回來，這眞是個不錯又好用的負增強物。

第四招：消弱

如果你已經訓練老鼠去壓槓桿以交換食物獎勵，當關掉供給食物的機器時，起初老鼠仍會不斷壓桿，然後越來越少去壓，最後牠將完全放棄，在這個過程中，行爲已受到「消弱」。

「消弱」是來自心理學的專有名詞，它指的不是動物的滅絕，而是行爲的消失，它是行爲由於缺乏增強而逐漸不再發生的過程，有如蠟被燒盡而熄滅的蠟燭。

如果行爲沒有產生任何後果——不好也不壞，什麼影響也沒有，這個行爲大概即會消失，但是這並不代表你忽略行爲之後它一定會消失。「不理會他人」的行爲本身就是一種後果，因爲它極度違背我們的社會性，但想藉忽略行爲達到消弱的目的不見得總會管用。

若行爲持續因受到關注而增強，這時候忽略它則可能奏效。我曾經看過美國交響樂團指揮家湯瑪士．許伯斯（Thomas Schippers）與紐約愛樂樂團進行預演，這位指揮家作風強烈，但該樂團團員也毫不遜色，當他走向指揮台時，團員們仍繼續玩鬧著，木管樂器小聲吹著《迪克西》的曲子，小提琴拉出唯妙唯肖的人聲「噢——偶！」，許伯斯對這些愚蠢行爲不予理會，它們很快便消失了。

就我看來，人類互動中最有效的消弱應用就是拿來對付口頭行爲——無事呻吟、拌嘴、挖苦、咄咄逼人的行爲，這些行爲若無法獲得反應、無法讓人動怒的話，它們就會消失。請記得一件事，「使人惱怒」的行爲可能具有正增強的效果，當哥哥挖苦妹妹髮型而使她生氣發飆時，哥哥便獲得了增強；當同事占了上風而使你大動肝火時，這個人便是贏家。

我們常在不經意下增強了我們希望消失的行爲，小孩哼哼唉唉、呻吟折磨人的行爲往往是被家長訓練出來的。小孩累了、餓了或不舒服的時候可能會像幼犬一樣呻吟，然而磨人功夫特別厲害的小孩卻有自制力超強的父母，他們能夠一直忍受不斷哼哼唉唉的抱怨呻吟，直到最後終於讓步：「好啦，我會給你那個該死的冰淇淋，現在請你閉上嘴巴可以嗎？」我們往往忽略（或不了解）這個最後才出現的讓步，使得這類行爲得以維持，而增強物不定時出現的情形更使得行爲變得非常耐得住考驗。我曾在紐約布魯明戴爾百貨公司

第四招：消弱

要以第四招去除自我增強的熟知行爲並不管用，不過把它拿來去除那些哼哼唉唉無事呻吟、自怨自艾或取笑挖苦的行爲，效果卻極爲見效，即使幼童也能學會（而且樂意發現）只要不給任何反應（無論好壞的反應），年長孩子取笑他們的行爲就會停止。

行爲	解決方法
室友到處亂丟髒衣服	等他自己有所成長，表現成人的行爲。
狗在院子裡整夜狂吠	這個行爲具有自我增強的作用，很少自動消失。
孩子在車裡太吵	有些噪音本來就正常無害，隨他們去吧，吵久了就會靜下來了。
老公或老婆回家時情緒總是很差	務必記住聽到對方難聽的話時不要出現任何反應，無論好壞亦然。
網球揮拍動作有問題	練習其他揮拍動作或步法等等，設法別去注意那個問題，讓它自動消失。
員工迴避工作責任或懶惰	如果這些不良行爲是爲了引人注目，則不予理會；不過，迴避工作責任的行爲可能具有自我增強的作用。
討厭寫謝函	這個行爲一般會隨著年紀增長而消失，生活裡充滿許多付帳和報稅等雜事，比較之下寫謝卡反倒成了放鬆自己的一件事。
貓咪跳上餐桌	對此行爲不予理會，它並不會停止出現，但或許可以成功消除自己對食物出現貓毛的反感。
公車司機粗魯無禮，讓你很生氣	不理會司機的行爲，把車錢付了，忘了這件事。
你認爲應該自立的成年子女想搬回家住	把它當成暫時對策，希望這名成年子女的財務情況改善或當前困難解決後會立刻搬走。

看過一名漂亮的六歲小女孩使出堪稱經典的哭喊耍鬧手段，她鬼喊著：「可是你說過的，你答應過我的，我不要啦！」之類的話語，她的母親、祖母和整個床單部門的人完全陷入停頓、束手無策，依據當時情景，我猜這個孩子逛街逛得很煩，她的行爲或許其來有自，又或者，她完全只是累了，不想再待下去，而她過往的學習經驗都以哭鬧呻吟達成目的，這個行爲最後總是獲得增強。

如果你有天碰巧得應付某個老愛呻吟磨人的小孩，該怎麼辦呢？以下是我的作法：當小孩一開始用典型鼻音哼哼唉唉抗議或抱怨時，我會馬上告知小孩這招無事呻吟對我不管用（這通常會讓他們深思一下，因爲他們不認爲這是無事呻吟，而是合理當然、甚至很高明的說服手段），當他們停止呻吟時，我會趕緊予以增強，給予稱讚或擁抱，如果他忘記了又開始哼哼唉唉，只要我挑高一下眉毛或投以壓制性的眼神通常即能停止這個行爲。事實上會這麼做的人通常相當聰明，當孩子停用這個吵鬧不休的策略時，與他們相處可能很愉悅甚至很有趣。

處理言語表達的行爲通常會遇見一個問題，那就是我們往往過度重視語言，每字每句幾乎都帶著神奇力量，遇到欺壓嘲弄或呻吟抱怨的情形時，我們很容易專注在對方所說的話，而不是他們的行爲。一句「可是你答應過的！」引發「不對，我沒答應過！」或「我知道，可是我明天得去芝加哥，沒法履行我的承諾，你不能理解嗎？」之類的反應，你來我往沒完沒了。

我們必須劃分言詞和行爲，例如夫妻爭吵時，「爭吵」是當下發生的行爲，然而爭吵的主題卻常成爲重點，你可以據理力爭，你的每句話可能完全正確（像這樣的爭吵錄音帶，治療師得重複聽千萬遍），可是卻仍然沒有處理眼前的行爲——吵架。

我們除了太容易被衝突字眼吸引之外（「他說我是懦夫，我才不是！」），我們也常沒有注意到，我們不只讓自己陷入憤怒之中，事實上自己也正在增強對方的行爲，就拿老是帶著一肚子氣回家的老公爲例，他的脾氣越大，老婆越會趕緊試圖討好他，對不對？她眞正增強的行爲是什麼呢？

這時另一半若能表現愉悅，並不因此加速呈上晚餐或被搞得激動生氣，對方亂耍脾氣的任何表現都將起不了什麼作用；相反的，冷若冰霜不出一語、大吵大鬧回應或予以處罰都可能導致增強作用。

利用忽略「行爲」但不忽略「對方」的作法，你可以使許多討厭的行爲自動消失，當它們無法產生任何好或壞的後果，這些行爲將變得毫無效用。表現敵意必須花費大量能量，如果行爲無效，它通常很快會被捨棄不用。

許多行爲本來就具時效性，當兒童、狗兒或馬匹剛從缺乏活動的封閉環境中被帶到戶外時，他們一心只想奔跑及玩耍，若企圖控制這個現象，你可能必須大費周章，通常隨他們自由自在一陣子會容易一些，等到他們滿足了活動筋骨的欲望，這時才要求中規中矩的行爲或開始作訓練。聰明的訓馬師可能會讓年輕馬匹先進場幾分鐘，讓牠踢踢撞撞跑一跑，接著再上馬鞍工作。

軍隊操兵或足球練習前的暖身體操便有類似功用，除了幫肌肉暖身、減少扭傷等傷害的機率外，這類「大肌肉活動」會消耗一些多餘的精力，所以打鬧嬉耍的行爲因而消失，進行訓練時士兵或球員可以變得專心一點。

「習慣化」（habituation）是一種消除非制約反應的方法，如果訓練對象曝露在厭惡刺激之下，無論怎麼嘗試也無法逃離或避開，久而久之牠的躲避反應將會消失，牠將停止對該刺激出現反應，不去注意到它，似乎變得對它視若無睹，這個現象稱爲「習慣化」。我以前住在紐約的公寓時，街道噪音起初吵得讓我無法忍受，不過我像多數紐約客一樣，逐漸學會在警笛聲、喊叫聲、垃圾車清運聲、甚至撞車聲之下安然睡眠，我已經習慣化了。

警騎馬匹的訓練有時必須讓馬兒接受各種令牠驚怕的無害事件，例如打開的雨傘、飄抖的紙張、全身被嘎嘎作響的金屬罐子輕敲等等，讓牠們對嚇人的情景和聲音變得習以爲常，無論市區街道上出現任何事物，牠們依舊穩如泰山。

第五招：訓練不相容的行為

接下來介紹不必當壞人的招數，利用正面方式去除討厭的行爲。其中一個高招就是訓練對方出現一個不可能與討厭行爲同時存在的行爲。

舉例來說，有些人不喜歡狗兒在餐桌旁乞食，我自己便很討厭這種行爲——當我又起一片牛排送到口中時，最讓我倒盡胃口的事情當屬狗兒的口臭、哀怨眼神和用力搭在我膝上的一隻腳。在吃飯時間把狗兒關在屋外或別的房間，是第一招的解決方式，不過訓練一個不相容的行爲也可用來控制乞食行爲，例如訓練牠在人們用餐時趴在餐廳門口；第一步是訓練牠趴下，讓這個行爲受到刺激控制，然後再訓練牠在吃飯時間「去那邊趴下！」用餐完畢後在廚房給牠食物作爲這個行爲的獎勵。「走到他處趴下」與「在餐桌旁乞食」的行爲無法相容，因爲狗兒無法同時留在兩處，於是乞食的行爲便消失了。

我曾經在歌劇預演時見過一位交響樂團指揮家運用不相容行爲的高明技巧。整個合唱部的歌聲突然無法配合樂團的演奏，他們背起來的樂章似乎少了一拍，指揮家確認問題所在之後，他在這段樂章的歌詞中尋找「s」的音，他找到一個之後告訴合唱人員強調「s」音：“The king'sssss coming.”他們拉長「斯——斯」音聽起來很好笑，但是這麼做讓他們不會太快唱完這段樂章，於是解決了問題。

我自己第一次使用第五招的經驗是處理一個本來可能極爲嚴重的海豚問題。我們在海洋生物世界曾經一度同時讓三類表演者演出戶外秀：六隻輕巧優雅的小型飛旋海豚、一隻碩大的母瓶鼻海豚（名爲阿波）和一名漂亮的夏威夷女郎，其中一段節目內容由她與飛旋海豚一同游泳戲耍。跟大眾認知不同的是，海豚並非永遠親和友善，瓶鼻海豚尤其容易恃強欺弱，六百磅重的阿波在女表演者入水後便開始找她麻煩，急速游到表演者下方再把她頂彈出水面，或者牠會以尾巴末端拍打她的頭，這些舉動讓表演者非常驚怕，事實上也極爲危險。

我們並不想把阿波從表演中除名，因爲牠的跳躍和花式翻轉動作已讓牠成爲節目的壓軸明星。我們開始建起隔離水池，夏威夷女郎表演期間便把牠困在裡頭（第一招的解決辦法），不過我們也訓練牠一個不相容的行爲，讓牠去按壓一個位於池邊的水底槓桿，藉以交換魚兒獎勵。

阿波興緻高昂地學會了不斷壓桿以獲取魚兒，牠甚至還守護牠的槓桿，不讓其他海豚接近。在演出節目進行期間，訓練師把阿波的槓桿放入池內，每當女表演者在水中與飛旋海豚玩耍時，訓練師便增強牠按壓槓桿的行爲，阿波無法按壓槓桿又同時游到池中央欺負表演者，這是兩個互不相容的行爲，所幸，比起欺壓表演者，阿波更喜歡去壓槓桿，所以欺壓的行爲就消失了（不過，那名女表演者對這個神奇改變從來不太懷抱信心，只有在阿

第五招：訓練另一個不相容的行為

聰明的人常運用這一招，在車裡唱歌或玩遊戲不但解除了父母的問題，也給了無聊的孩子事情做。遇到許多氣氛緊迫的情境時，分散注意、轉移注意或使對方忙著做愉快的事情是不錯的方法。

行爲	解決方法
室友到處亂丟髒衣服	買個洗衣籃，如果室友把衣服放在籃裡就獎勵他。洗衣籃滿了就和他一起洗衣服，讓洗衣服成爲社交互動的機會。「處理髒衣服」和「忽視髒衣服」的行爲無法同時存在。
狗在院子裡整夜狂吠	訓練牠聽口令趴下，狗和我們多數人一樣，在趴下後很少發出叫聲。在窗口對牠大喊口令，或在狗屋上裝個對講機，以口頭稱讚作爲獎勵。
孩子在車裡太吵	讓他們唱歌、說故事或玩猜猜看等動腦遊戲，即便三歲小孩也會唱兒歌，這些都與拌嘴鬼叫的行爲不相容。
老公或老婆回家時情緒總是很差	開始在對方回家後安排無法耍脾氣的愉悅活動，例如：與孩子玩耍或進行嗜好活動，給對方三十分鐘完全屬於他的個人時間通常也不錯。另一半下班後也許需要一些時間放鬆才能夠重新扮演家中的角色。
網球揮拍動作有問題	訓練新的揮拍動作（請見文中說明）。
員工迴避工作責任或懶惰	下令要他更快或更認眞完成某項特定任務，在一旁觀察，當他完成時予以稱讚。
討厭寫謝函	訓練一些替代行爲：如果有人送你支票，背書時在上頭寫些感謝之詞，其餘交給銀行處理。如果是其他種類的禮物，當天晚上就致電道謝，這樣你永遠都不必寫信了。
貓咪跳上餐桌	訓練貓咪坐在廚房椅子上才會有拍撫及食物獎勵，但迫切想要獎勵或飢餓的貓咪也許可能因過於心急而力道過猛，跳上椅子時使它滑得老遠，不過牠是待在你希望牠在的地方沒錯，牠沒跑到桌上。
公車司機粗魯無禮，讓你很生氣	面對咆哮或惡霸的行爲時，以對視、禮貌性微笑和合宜的社交言詞「早安！」作爲對應，或者當司機罵你罵個不停時，以同情的語氣回應：「你的工作一定非常辛苦！」這有時會引起對方客氣回應，然後你便可以增強這個行爲。
你認爲應該自立的成年子女想搬回家住	幫他找別的地方住，即便你起初也許得幫他付房租。

波被穩當地隔離開來後，她才能完全放鬆鎮定下來）。

對於有問題的網球揮拍動作或其他由於過去錯誤學習而出現的肌肉運動模式，訓練不相容的行爲是個好方法。肌肉「學習」的速度雖然不快，但是學成之後的效果很好，當某個動作成爲固定的肌肉運動模式時便很難將它去除（我幼時學習彈琴的經驗十分令人挫折，因爲無論我彈哪個曲子，只要我的手指學會彈錯某個音，之後每次在同一個地方就會出錯）。解決這個問題的方法之一就是訓練一個不相容的行爲，以網球揮拍爲例，先在心裡把揮拍分解成步驟動作——姿勢、面向、步法、開始揮拍、揮拍中、結束揮拍動作，然後慢慢地做出每個分解步驟，必要的話可以把單一步驟重複多次。接著，訓練一個完全不同的揮拍動作，也就是學一套新的分解步驟，當肌肉開始學習到新的模式時，把所有分解步驟串起來一起做，再加快速度。

當你開始以正常速度使用這個新揮拍動作打網球時，起初千萬不要在意球飛出去的方向，只要練習動作的進行模式就好。此時你應該有兩個揮拍動作，一個是有問題的舊有揮拍動作，另一個是新的揮拍動作，兩者無法相容，所以你不可能同時做出這兩個動作，不過，舊有的動作模式可能無法完全去除，但改用新動作之後可以使這個模式的出現減到最少。當新動作成爲肌肉習慣的運動模式之後，你可以再專心調整球的走向，而有了較佳的揮拍動作，球的走向想必也會變得較好（我當初學鋼琴時的問題本來也可以如此獲得解決）。

想改變自己行爲時，訓練不相容的行爲相當好用，特別是面對哀傷、焦慮或寂寞等情緒狀態時尤然，有些行爲與自怨自艾的行爲完全不相容，例如跳舞、唱讚美詩或任何高動能的活動，甚至跑步也可以，你無法進行這些活動卻又同時沉溺於痛苦中。心情不好？試試第五招吧！

第六招：訓練這個行為只依訊號出現

有些情況之下只有這招能奏效，它遵從學習理論的原理，當行爲受到刺激控制——也就是動物學會只在某個訊號出現之後才出現行爲反應，於是在訊號沒有出現的情況之下，這個行爲通常不會出現。你可以利用這個自然法則去除所有你不喜見的行爲，只要讓這些行爲受到訊號控制，以後不再給予訊號即可。

我在訓練海豚戴眼罩時第一次發現這個高招十分好用。我們想在海洋生物世界的表演秀裡示範海豚的聲納定位能力，我打算訓練名爲馬酷亞的公瓶鼻海豚戴上眼罩，讓牠在暫時看不見的情況下利用聲納定位系統找尋並拾回水底的物件，現在這個演出已經成爲海洋秀表演的常態戲碼。

馬酷亞戴上眼罩時並不會感到疼痛，但是牠並不喜歡，當牠看見我手裡拿著吸盤就會沉到池底不上來，每次待在池底的時間可以長達五分鐘，牠輕輕搖擺著尾鰭，從水底帶著「難倒你了吧！」的眼神看著水面上的我。

我的判斷是，試圖利用驚嚇或推戳讓牠浮到水面應該沒什麼用，而利用賄賂或引誘就太笨了，所以有天當牠又沉到水底時，我吹了哨音並且給牠一堆魚作爲獎勵，馬酷亞吐出了一個「驚訝氣泡」（籃球大小的圓形氣泡），這在海豚的語言中代表「什麼？」的意思，牠游上來把魚吃掉，但很快牠便又故意沉到池底以獲取增強物。

接著我加入一個水底聲響作爲訊號，並且只增強牠聽到訊號之後才下沉的行爲，果然，牠停止了缺乏訊號的下沉行爲，從此下沉行爲不再成爲問題，當我回到戴眼罩的訓練時，牠很敬業地戴上眼罩。

我也曾利用這一招讓車子裡吵雜的孩子們安靜下來。如果你們正開往某個很棒的目的地——例如馬戲團表演，孩子們可能會因爲興奮而喧嚷不休，他們已經興奮過頭而無法照著第五招做（讓他們玩遊戲、唱歌），遇到這種快樂出遊的狀況你也不會想用第三招的負增強方式（停在路旁，等到他們安靜爲止再開車）。第六招便是應對這種情境的最佳招式：讓這個行爲受到刺激控制，當你說「好，現在請大家儘可能發出最吵的聲音，開始！」（你自己也加入），大概只有三十秒大家會覺得這麼做很好玩，接著就會覺得無聊了。通常只要重複做個兩三次便足夠維持相當安靜的車內時光，你或許可說是加上訊號的吵鬧行爲

第六招：訓練行為依訊號出現

這個方法看似很不合理，但是它的效果可能出奇地好，有時甚至能夠即時解決問題。

行爲	解決方法
室友到處亂丟髒衣服	來個亂丟髒衣服大會，看看你和他在十分鐘內可以把家裡搞得多亂（這個方法很有效，有時候當較不愛乾淨的人看到這片狗窩景象時，反而會恍然大悟，開始整理髒亂的情形，例如亂丟的襯衫或襪子等，他以前根本看不出亂七八糟的樣子，雖然你仍可能覺得他進步不大）。
狗在院子裡整夜狂吠	訓練狗兒在下口令後才有食物獎勵，如果沒下口令，叫也白費力氣。
孩子在車裡太吵	把吵鬧的行爲加上刺激控制（請見內文說明）。
老公或老婆回家時情緒總是很差	設定一個讓對方耍脾氣的時間和訊號，例如從傍晚五點鐘開始坐下來，以專心聆聽和同理心增強所有在十分鐘內出現的抱怨行爲，在這段時間以外出現的抱怨行爲則不予理會。
網球揮拍動作有問題	倘若你要求自己打出壞球，並且學會故意這麼做，當你不叫自己做時，這個有問題的揮拍動作便可能不再出現。
員工迴避工作責任或懶惰	規定一個大家偷懶玩樂、不能工作的時段，在我工作過的一家廣告公司裡，董事長便運用這一招，效果出奇的好。
討厭寫謝函	買一疊便條紙、筆記本、一些郵票、一枝筆、通訊錄和一個紅色箱子，把東西放在箱子裡，收到禮物時把送禮者的名字寫在便條紙上，放入箱子裡，再把紅箱子放在枕頭或餐盤上。在按照紅箱子的訊號寫謝函、把信封封口、貼上郵票寄出去之前不睡覺或吃飯。
貓咪跳上餐桌	訓練牠依訊號跳上桌子和跳下桌子（可以拿來向客人炫耀），然後再塑形拉長牠等待訊號出現的時間（訓練到最後可以拉長到等待一整天）
公車司機粗魯無禮，讓你很生氣	不建議使用第六招。
你認爲應該自立的成年子女想搬回家住	只要成年子女一離家自立，邀請他們回來探訪，明白告訴他們只有接到邀請時他們才能回來，然後不邀請他們搬回來就好。

使它的樂趣盡失，或者也可以說，刺激控制下的行為在缺乏刺激時通常會消失，或許這招的效用還不只如此，但它確實有效。

心理學家史金納博士的女兒黛柏拉傳授我一個運用第六招的方法，用來控制狗兒在門口哀鳴的行為。她有一隻小型犬，每當牠被關在屋外就會在後門吠叫哀哭，不去上廁所；黛柏拉製作了一個小的圓紙板，一面是黑色，另一面是白色，她把圓紙板掛在屋外的門把上，當黑色那一面出現時，即使狗兒鬼哭神嚎，屋裡的人也不會開門，但當白色那一面出現時，他們就開門讓牠進來。這隻狗很快學會當黑色那一面出現時不必白費力氣設法進屋，當黛柏拉判斷時間差不多了，她會把門打開一個小縫，把圓紙板翻面，等狗兒一叫就放牠進屋。

當我女兒蓋兒養了一隻玩具貴賓幼犬時，我試過黛柏拉這招門把訊號。彼特是隻非常小的狗，兩個月大時幾乎不到六吋高，無人看管牠時讓牠四處亂跑（即使在屋裡）實在很不安全，於是當我很忙且蓋兒又去上學時，我會把牠關在蓋兒的房間，房裡備有食物、飲水、報紙和毛毯。當然，當牠被獨自關在房裡時牠會大吵大叫，我決定試試黛柏拉的方法，提供牠一個分辨何時叫有用、何時叫不會有反應的訊號。我抓了身旁的一條小毛巾，把它掛在房裡的門把上，當毛巾在門把上時，牠再怎麼叫也不會有人理，但當毛巾拿掉時，要求陪伴和自由的幼犬叫聲將受到回應。

幼犬馬上理解了它的意義，只要毛巾在門把上時即放棄激動吵鬧的行爲，不過爲了維持這個行爲，我必須記得的一件事，當我覺得可以讓牠出房間時不能就這麼讓牠出來，而是必須打開門，拿下毛巾，關上門，等牠叫了才讓牠出來，這麼做吠叫的行爲才能受到刺激控制（以此例而言，「無毛巾」的訊號代表吠叫將獲得獎勵），因此也使其他狀況下的吠叫行爲消失了。

它的效果極佳——持續了三天，直到有天早上我又突然聽到彼特吵人的要求聲，我打開門後發現牠想出了辦法，牠利用全身的小小力氣奮力跳起來，扯掉門把上的毛巾，當毛巾到了地面，牠當然覺得自由叫人開門的時候到了。

第七招：塑形出行為的消失

當你只是希望對方停止當時的行爲，但並沒有特別想要他做什麼時，這個技巧便很好用；例如親戚打電話來發牢騷，使你心生內疚，如果你喜歡這個人，不希望掛他電話（第一招）、責罵或奚落他（第二或第三招），你可以使用第七招，這在學術上稱爲「區別增強其他行爲」（Differential Reinforcement of Other behavior，簡稱 DRO）。

動物心理學家哈瑞．法蘭克進行幼狼社會化研究時每天帶牠們進入屋內，他決定要以拍撫和關注增強任何不在破壞物品之列的行爲，結果發現在人類家中唯一可以消磨時間卻不會使幼狼想啃咬沙發、電話線、地毯等東西的活動就是躺在床上，於是，哈瑞、妻子和三隻越長越大的幼狼渡過平靜夜晚的方式便是一起躺在大床上看夜間新聞——這就是第七招。

我利用第七招改變了自己母親講電話的習慣。那時我罹病多年的母親居住在養老院裡，我有空會去探望她，不過我們平日多半透過電話連絡。這些電話困擾我多年，電話裡談的通常是（有時完全是）她的問題——病痛、寂寞、沒錢等全是我無能爲力的現實問題，她會從抱怨轉爲哭泣，由哭泣又轉爲一些令我生氣的控訴，這種言詞交流令我感到不快，甚至到了想迴避電話不接的程度。

我突然想到一個也許更好的解決方法，我開始留意自己與她通電話的行爲，我運用了第四招和第七招，爲了讓她自動停止抱怨和哭泣的行爲，我故意用「啊！」、「嗯！」和「這樣噢！」等回應（第四招），但沒有眞正的行爲後果，不好也不壞，我沒有掛電話或作言詞攻擊，我沒有讓任何事情發生，然後我再增強任何不是抱怨的話，例如當她詢問我的子女如何、告知養老院的新消息、討論天氣、書籍或朋友時，我便熱切回應這些話語（第七招）。

讓我大感意外的是，在二十年衝突爭執之後，我們每週通電話的內容在兩個月內從淚水和愁苦轉變爲聊天和笑聲，起初我母親通電話時所掛心的事情，例如：「把支票寄來沒

第七招：塑形出行為的消失

這招需要花點心思長期去做，但是通常是改變根深蒂固的行為最好的方法。

行爲	解決方法
室友到處亂丟髒衣服	每當房間整潔或室友洗衣服時即買啤酒請他喝或邀請異性來家中。
狗在院子裡整夜狂吠	夜裡不時到院子裡去獎勵牠安靜的行爲，剛開始等牠安靜十分鐘，再來等二十分鐘，慢慢到一個小時，依此類推拉長時間。
孩子在車裡太吵	等到他們安靜時說：「今天大家都很乖很安靜，我們等一下去麥當勞！」（當開近麥當勞時再說這句話，這樣你可以立即履行承諾，也讓他們沒機會又吵鬧起來）
老公或老婆回家時情緒總是很差	動動腦筋想一些好的增強方式，當他們偶爾出現好情緒時就出乎意料地增強他們。
網球揮拍動作有問題	不理會錯誤的擊球動作，擊出好球時稱讚自己（這個方法眞的管用！）
員工迴避工作責任或懶惰	當他某項工作的表現令人滿意時對他大肆讚賞（不是叫你一輩子都這麼做，等建立起新的行爲傾向時即可停止）
討厭寫謝函	每次你接到禮物後即立刻寄出謝函時，犒賞自己去看場電影。
貓咪跳上餐桌	如果你人不在家時會關上廚房的門，不縱容貓咪一直跳上餐桌，那麼獎勵牠不跳上餐桌、並拉長這麼做的時間才可能管用。
公車司機粗魯無禮，讓你很生氣	若你每天都會遇上同一名司機，當他沒有表現粗魯時你可以愉悅地說聲早安，或甚至送朵花或飲料給他，一兩週內應該即可看到改善。
你認爲應該自立的成年子女想搬回家住	當成年子女離家後居住在很遠地方時，增強這個行爲，不要批評他們理家的方式、公寓、裝潢或選擇朋友的品味，不然他們可能認同你說的，去住你家比較好。

有？」、「和醫生談過了嗎？」、「打電話給我的社工好不好？」等，這些不斷嘮叨的埋怨轉成簡明的請求，於是其他時間便全用來聊八卦、憶舊時及講笑話。

我母親年輕時是位迷人風趣的女子，現在她又重現了這種特質，此後在她安度餘年的歲月裡，我眞的很喜歡與她談話，無論是見面對談或通電話都是如此。

有位精神科醫師朋友問過我：「這樣不算是耍心機操縱人嗎？」的確如此，不過在那之前我母親對我的行爲也大有操縱的意味，或許某名治療師能夠說服我或我母親以其他方式處理我們的問題，不過這很難說。而當時第七招看來簡單多了，它的目標明確，應該增強哪個行爲？除了不喜見的行爲以外都予以增強。

第八招：改變動機

消除行爲動機通常是最和善也最有效的方法，人在食物充足的狀況下就不會去偷麵包。

我總是不忍觀看一個常見景象：幼童在超市大吵大鬧，母親猛扯著他的手臂要他快走。當然我們可以體諒，孩子吵鬧很丟臉，猛扯他的手臂是想暗地偷偷把他震得閉嘴，不會像破口大罵或動手打他那麼明顯（不過骨科醫師可能會告訴你，這個方法也很容易讓幼童手肘或肩膀脫臼）。孩子出現這個問題通常是因爲他餓了，受不了眼前的食物和香味，

第八招：改變動機

如果你找得到方法，這一招不但有效，而且是最好的解決招數。

行爲	解決方法
室友到處亂丟髒衣服	雇用傭人或管家來整理及洗衣服，你和室友都不必克服這個問題，如果你和這名室友是夫妻關係又都是上班族，這可能是最佳解決辦法；或者，髒亂者可以塑形整潔者的行爲，讓他變得隨性一點。
狗在院子裡整夜狂吠	吠叫的狗兒也許感到寂寞、害怕或無聊，利用白天讓牠運動、給牠關注，到了晚上牠才會累得想睡，或者，晚上讓狗伴陪牠睡覺。
孩子在車裡太吵	吵鬧和衝突越發劇烈的原因通常是飢餓和疲累，從家裡到學校的短短車程可以在車上提供果汁、水果、餅乾和枕頭，讓他們舒適地消磨時間；遇到長途車程時，每小時停車十分鐘，讓他們下車動一動、跑一跑（這對家長也好）。
老公或老婆回家時情緒總是很差	鼓勵對方換工作。如果情緒不佳的動機是飢餓或疲倦，對方一進門就給他吃點起司餅乾或熱湯。如果壓力才是問題，給對方喝杯紅酒或呼吸新鮮空氣和運動可能較爲適當。
網球揮拍動作有問題	不要以每場贏球爲目的，轉而爲樂趣而打（這不適用於世界級網球選手——或者說不定也適合呢！）
員工迴避工作責任或懶惰	論件給薪，不依工時給薪，任務取向的給薪方式對非西方人的雇員極爲管用，那是建穀倉的原則，大家一起奮力工作直到任務完成，然後大家才能離開，好萊塢電影的製作就是如此。
討厭寫謝函	我們之所以不喜歡這件事是因爲它是個連鎖行爲（請見第六招），因此很難起頭著手，尤其整個行爲完成後缺乏好的增強物時更難（因爲禮物早到了我們手裡！）。有時我們遲遲不寫的原因是我們認爲要寫就要寫得好、漂亮或完美，但是並非如此，收到謝函的人只需要知道你感激對方的心意，謝函上的華美詞藻和支票上的花俏字跡也同樣不具重要性，送謝函的時機恰如其時才最重要。
貓咪跳上餐桌	貓咪爲何跳上桌子？如果是找食物，就把食物收起來，如果貓咪喜歡居高臨下的視野，設置一個比餐桌高的架子或高台，讓你可以就近撫摸牠，觀看廚房的視野也不錯，貓咪也可能比較喜歡這個位置。
公車司機粗魯無禮，讓你很生氣	避免在車上被罵，做好本份：準備好坐車的零錢，知道哪站下車，不要擋住走道，詢問問題時不含含糊糊，試著體諒塞車的心情，公車司機會情緒不佳有時實在是因爲乘客太煩了。
你認爲應該自立的成年子女想搬回家住	如果成人擁有朋友、自尊、生活目標、工作和居處，他們通常不會想和父母同住或依賴父母，在子女成長期間幫他們找到前三項，通常他們就會自己找到工作和居處，以後大家都可以維持友好關係。

極少年輕媽媽找得到人幫忙看孩子而得以有空購物，而職業婦女在晚餐前往往必須去採購，這時候她們自己早已又累又餓，自然容易動怒。解決辦法是在購物之前或購物時讓孩子吃點東西，任何垃圾食物都比大家被吵得意亂心煩來得好。

有些行爲具有自我增強的作用，意謂行爲的執行即可使它增強，吃口香糖、抽菸和吸拇指的行爲即爲此類，想去除自己或他人的這類行爲最好改變行爲的動機。我小時候不吃口香糖，因爲有位姑姑告訴我女孩子這樣子看起來很沒水準，對我來說，看起來有水準比吃口香糖的樂趣重要多了。當抽菸的動機以其他方式滿足了或戒菸的動機(例如怕得癌症)大於抽菸的增強作用時，抽菸者便會戒菸。當小孩的自信變多時，吸拇指的行爲便會停止，因爲他不再需要自我撫慰。

爲了使動機產生改變，我們必須正確判斷動機爲何，但是我們常無法勝任這一點，我們最愛妄下定論：「她恨我恨得入骨！」、「老闆對我有偏見！」、「那孩子就是沒半點好！」甚至我們常常連自己的動機也不清楚，這正是心理學和精神研究領域之所以興起的原因之一。

即使我們自己並無偏頗的動機，我們仍爲這種普遍誤解對方潛在動機的想法付出極大代價。當我們必須仰賴醫療專業人士時尤其如此，當生理問題並非顯著易見時，它極常被誤判爲情緒引起的問題，並且據此進行治療，沒有人會進一步檢視眞正原因是否與生理相關。我曾見過一位生意人爲了不再「感覺」精疲力竭而接受安非他命治療，但事實上他是因爲工作過量才會精疲力竭。美國西岸某城市有一名女子去看了六名醫師，沒人看得出任何顯著的生理肇因，於是她的症狀被診斷爲精神官能症並以鎮定劑治療，在遇到第七名醫師之前她幾乎將被送入精神病院，這位醫師發現她並不是裝病，其實她是因爲家中暖氣設備漏氣而受到一氧化碳的慢性毒害。我自己曾經遇過一名醫師，初次看診就訓了我一頓，然後開鎮定劑給我，但我當時的問題（我告訴過他我的猜測）並不是胡亂想像自己喉嚨痛，它其實是腮腺炎的初期症狀。

當然，有些動機實際上包含某種想要獲得保證的需要，如果給予紓解的人被視爲可信賴的權威，鎮定劑或甚至糖衣藥丸之類的安慰劑即可能安定心神、降低血壓及紓緩症狀，只要你相信聖水和禱告的作用，它們也可能奏效，所謂的安慰劑效用可能也有助巫醫存在。我不認爲這有何不可，它的動機是獲得保證的需求，一種非常眞切的需求，無論你遇到任何情境，竅門是找出動機，不要直接跳到結論，一個作法是留意什麼眞正有助改變行爲、什麼卻無益。

這裡的要旨是：如果你或朋友出現令人困惑不解的行爲問題，仔細思考可能的動機，不要忘記飢餓、罹病、寂寞或恐懼等可能肇因，如果有可能消除背後肇因而使動機消除或改變的話，眼前就是你的解決辦法。

有害無益的剝奪方法

動機是個許多科學家奉獻畢生的重大研究要題，它超乎本書想討論的內容範圍，但由於不良行爲的發生與動機相關，所以有必要對它進行討論，也許我在這裡恰可討論一個有時用來提高動機的訓練技巧——「剝奪」。該理論說明動物爲了獲得正增強而工作，當牠越需要增強物，牠將越加努力工作，牠的表現也將越可信賴。老鼠和鴿子的制約學習實驗常利用食物作爲增強，爲了提高動機，牠們的餵食量常比自發攝食量來得少，慣常作法是只提供牠們足以維持百分之八十五正常體重的食物量，這種作法便稱爲「食物剝奪」。

剝奪成爲實驗心理學廣泛利用的標準技巧，以致我剛開始訓練時以爲它大概是訓練老鼠或鴿子時非用不可的方法，當然，我們沒將此法用在海豚身上，無論海豚表現如何，結束每天工作時我們會提供足以讓牠們吃飽的食物量，因爲進食不足的海豚常染病死亡。

那時我並沒有意識到，我自己利用食物和社交機會作爲增強物訓練迷你馬和兒童的作法相當成功，不必事先減少原來傳達情感的表現或食物量就可以獲得成果。也許只有訓練較簡單的生物（例如老鼠或鴿子）時才需要剝奪食物？可是，我們在海洋生物世界的訓練師利用食物增強物塑形出豬、雞、企鵝，甚至魚類和章魚的行爲，從來沒有人妄想事先讓這些可憐的東西餓得半死。

我那時仍然認爲剝奪對某些訓練有其必要，因爲它是大家廣爲使用的方法，直到我遇到戴夫．布卻爾（Dave Butcher）的海獅才改觀。我從未訓練過海獅，粗略概念是牠們只能用魚作訓練、不喜歡社交、會咬訓練師，我也以爲接受訓練的只有年輕海獅，因爲所有我見過的受訓海獅都相當小隻，體重在一百至兩百磅之間，我知道野生海獅可以長得相當大。

戴夫．布卻爾是美國佛羅里達海洋世界的訓練部主任，他著實讓我大開眼界，他除了利用魚訓練海獅，也利用社交機會和撫摸作爲增強物，同時還利用習得增強物和變化性增強時制，因此他們不必餓海獅肚子也能使牠們表演。海獅白天表演時和表演結束之後都有足夠吃飽的魚，於是牠們不會像飢餓的動物一樣容易生氣動怒。牠們對熟悉的人很友善，也喜歡被碰觸，當我看到幾位年輕訓練師在午餐時間和海獅群躺成一堆曬太陽時，大爲吃驚，每名男子以一隻海獅的寬廣側腹爲枕，另一隻海獅的頭則枕在他們的大腿上。

因不採取食物剝奪，這些海獅不斷地長大！戴夫推測，過去訓練的海獅體型之所以都很小，原因並不是年紀輕，而是發育不良。海洋世界的表演海獅重達六百、七百或八百磅，活動力十足，完全不會過胖。牠們體型龐大，遵行大自然的原意，而且牠們表演起來很認眞，每日五場以上的演出場場精采。

我現在存疑的是，試圖利用任何剝奪增加動機的方法是不是非但沒有必要，而且根本有害無益。訓練之前減少訓練對象的正常餵食量、受到的關注或社交陪伴或其他牠喜歡或需要的東西——純粹只爲了提高增強物的吸引力，使訓練對象更需要它——這種作法只是差勁訓練的爛藉口，它在實驗室裡也許有必要，但是在現實生活裡，好的訓練即能產生高度動機，而非倒果爲因。

解決複雜的問題

在本章列表中，我針對每個特定行爲問題列出了所有八招的應用方法，有些問題顯然有一兩個最好的解決辦法，針對狗兒夜裡因寂寞害怕而吠叫的問題，把牠帶進屋內或提供同伴，通常可以確保牠只在真正需要警戒時才吠叫，而其他問題則可因時制宜應用不同方法，要讓小孩在車裡不要太吵有多種方法，可視狀況選擇適用方法。

然而，有些行爲問題起源於多項肇因，已經變得根深蒂固而難以利用單一招數控制，例如咬指甲等緊迫症狀、經常遲到等不良習慣、抽菸等上癮現象，這些行爲都可以透過這八招的精心運用而減少或消失，但是它也許必須多管齊下才能讓行爲不再出現（再次提醒：此處只指正常個體的行爲問題，不包含心智罹病或心理受創者的行爲問題）。

以下我們來看看一些需要多管齊下才能解決的例子。

■咬指甲

咬指甲是壓力的症狀，也可藉此轉移注意力，暫時紓解壓力，這類行爲被稱爲「轉移行爲」（displacement behavior）；狗兒在緊張的情況下，例如在半推半就之下接受陌生人拍撫時，牠可能會突然坐下來搔癢；兩匹爲了爭奪地位而大作威脅的馬兒可能會突然出現吃草動作。轉移行爲經常包括理毛等整理自身的行爲，動物在圈養環境裡可能不斷出現這類行爲，甚至可能導致自我傷害，鳥類不斷整理羽毛，直到把自己的羽毛拔光；貓咪猛舔腳掌舔到破皮；人類咬指甲的行爲（拉頭髮、抓癢等梳理行爲）也可能如此極端，即使已產生疼痛也阻止不了這個行爲。

由於這類行爲確實能夠暫時轉移對壓力的注意，所以它成爲一種自我增強的行爲，極難去除，事實上它變成了一種習慣，即使沒有壓力也會出現。在這樣的情況下，第四招（消弱）有時候非常管用，當人們年紀漸長、更有自信時，咬指甲的行爲將逐漸消失，不過這可能得花上數年；而運用第一招（例如：戴上手套而不可能咬到指甲）或第二招（例如：讓他滋生罪惡感或以責罵的方式處罰他）將無法讓他學會新行爲。運用第三招負增強（也許在指甲上塗些難吃的東西）可能奏效，但前提是這個習慣本來就正慢慢消失（吸姆指的行爲也可比照處理）。

如果你有這個習慣，消除它的最好辦法可能是併用所有四個正增強的招數。首先運用第五招（訓練不相容行爲），學習觀察自己什麼時候開始咬指甲，每當手不知不覺靠近嘴巴時，馬上跳起來去做別件事：做四次深呼吸、喝杯水、上下跳一跳、伸展一下，你在做這些事情的時候將無法同時去咬指甲（而且這些運動本身就能紓解緊張），同時運用第八招（改變動機），降低生活中的整體壓力指數，讓別人幫你分憂解勞，他們也許眞的會有解決辦法，然而多多運動通常有助面對問題。你也可以塑形出行爲的消失（第七招），只要有一兩隻指頭的指甲長出來了，即馬上送自己一個戒指或好好保養一下指甲作爲獎勵。你也可試試心理學家珍妮佛．詹姆斯（Jennifer James）的絕佳建議，訓練行爲依訊號出現，選定一天時間，每當你發現自己開始咬指甲時就記下當時困擾你的事情，然後每天晚上選個特定時間，坐下來二十分鐘，一邊不斷咬指甲，一邊把清單上所有困擾拿出來擔心，久而久之你應該能夠把咬指甲的行爲塑形得消失無蹤，同時配合以上其他招數將特別有效。

■經常性遲到

生活複雜繁忙的人有時會遲到是因爲他們有太多事要忙，卻必須利用有限時間全部做完，例如：職業婦女、剛創業或正擴展事業的人、醫師……等，但有些人無論忙碌與否，很容易把遲到當成家常便飯。由於有些異常忙碌的人仍極爲準時，我們理當懷疑那些常遲到的人其實是自己選擇遲到。

你可能以爲遲到的行爲自有不良後果，會形成負增強的情形——例如只看到後半場電影、派對已快結束、讓等你的人等得非常生氣，但是這些後果較像處罰，而非負增強物，它們處罰了「到達」的行爲，而且習慣性遲到的人通常都準備了絕佳的藉口，當他們被原諒時這個行爲便受到了不錯的增強（他們因而發展出編造藉口的高明技巧，而它事實上對遲到的行爲具有增強作用）。

最快克服遲到行爲的方法是運用第八招（改變動機），人們遲到的理由非常多，其中一種是恐懼，因爲不想去上學，所以四處閒晃；另一個理由則是試圖尋求同情，「小小的我眞可憐，背負了太多重責大任，讓我沒法完成這些托付。」另外還有惡意遲到（暗地裡並不想和這些人在一起）和炫耀性遲到（讓大家明白你的時間寶貴，有比到場更要緊的事要打理）。遲到的眞正動機其實無關緊要，如果你不想再遲到，只需要改變動機，下定決心無論遇到任何狀況都會把準時作爲第一考量，很快地你將不再需要趕飛機或錯過約會了。

我自己這輩子老是遲到，以下是我「治好」這個毛病的作法，在我決定把「準時」視爲重要的事之後，我發現一些問題自動有了答案，例如：「我去參加委員會議之前有時間去做頭髮嗎？」、「去看牙醫之前有時間先去處理一些雜事嗎？」、「我現在就得出發到機場了嗎？」，它們的答案一定是「沒有！」、「沒有！」、「是的！」，我偶爾還是會故態復萌，不過大致說來，選擇了「準時」讓我的生活和親友同事的生活都變得輕鬆容易多了。

如果改變動機還不夠，你可以加上第五招（訓練不相容的行爲），目標是提早到達約定地點（帶本書去），或者加上第七招（塑形出行爲的消失）。當你沒有遲到時，請給予自己增強，並且也請朋友增強你的行爲，因爲「不遲到」這件事對別人來說也許很正常，但是你卻得特別努力才做得到。同時試試第六招，依訊號出現遲到的行爲，選出一些你壓根就不想準時到達的活動場合，告知大家你會遲到，然後再姍姍來遲，由於依照訊號出現的行爲在缺乏訊號之下通常會消失，在沒有風險的情況下刻意遲到可能有助消除必須準時的情況下「意外或無意間」遲到的行爲。

■上癮現象

沉迷於吸收性物質（香菸、酒精、咖啡因、毒品等）的上癮現象具有生理影響，這種作用通常讓人用盡方法都戒不了癮，而且當人無法取得這些物質時將出現難受的戒斷症狀。但是上癮現象也有極大的行爲成份，有些人好似上癮一般，對於茶、可樂和巧克力等相當無害的東西，甚至對跑步或吃東西等消遣也出現戒斷症狀。不過有些人可以輕易控制他們的癮頭，舉例來說，抽菸者多半發現自己的菸癮如同時鐘般規律浮現，如果身上的菸一根不剩會讓他們抓狂，可是有些正統猶太教徒能夠一週六天大肆抽菸，到了安息日則完全戒慾，並無任何不快影響。

多數上癮現象除了生理症狀之外，也可暫時紓解壓力，因此它們成爲轉移性活動而加倍難以根除，不過由於上癮現象具有很大的行爲成份，可想而知，任何上癮問題都可能藉由八招之一或併用多招而獲得不錯的成果。

幾乎所有成癮行爲的矯治計畫（包括戒酒診所和西納農勒戒村）都非常重用第一招和第八招，讓矯治患者無法取得沉迷物質，並且改變需要這些東西的動機——予以治療而找到其他提供滿足的來源（提昇自尊、內心成長、工作技能等）。許多療程也依賴第二招（處罰），一般作法是對把持不住再度犯癮的行爲大肆撻伐，因而引發罪惡感，我曾經參加過一個戒菸計劃，事實上它的幫助甚大，雖然我仍不時犯規，當我犯規時（例如參加氣氛緊張的公事會議時偷偷吸別人的二手菸）我甚感罪惡，甚至到了隔天早上我還會因過度內疚而出現病狀，可是這並未讓我不再犯規，第二招（處罰）和第三招（負增強）對我的作用不太大，但是對某些人很有用。許多減重計畫不但常著重在人們變瘦後的公開讚美，同時也常強調在眾人之前變胖有多麼丟臉，有些人會因此努力避免遭受羞辱的可能性。

很多上癮行爲含有迷信成份，無論是吃東西或抽菸等行爲，它碰巧與引發這種慾望的環境訊號產生了意外關連性，例如每天到了某個時間就想喝杯酒、電話響時就想點菸等等，你需要有系統地找出所有訊號，在每次訊號出現時克制自己不去做這項行爲，讓它消失不見，一個一個地讓這些訊號全部失效。去除上癮習慣時可以附帶運用極爲有用的第四招，這個方法很簡單，例如把菸灰缸收到看不到的地方、或者全面改變環境，搬到一個完全不存在舊有引發訊號的新環境（若戒掉海洛英毒癮的人馬上又回到熟悉街景裡生活，他們很難繼續保持不犯癮）。

人們一直以來鼓吹使用處罰的行爲療法可以控制上癮現象，舉例來說，過去曾在酗酒成癮的人身上裝上電線，只要一拿起酒杯即遭電擊，也有讓人飲酒後引發嘔吐的藥物，這些方法能夠奏效的前提和多數負增強物一樣，必須有人在旁執行，而且最好讓對方無法預測何時執行。

多數上癮行爲無法輕易利用單一方法改變，要對付自己的上癮行爲應該好好研究這八招（行爲者本身也許即是最有效率的訓練者），並且試著找尋哪些方法可以讓自己經常應用這些招數（當然，處罰除外）。

5

生活中的增強現象

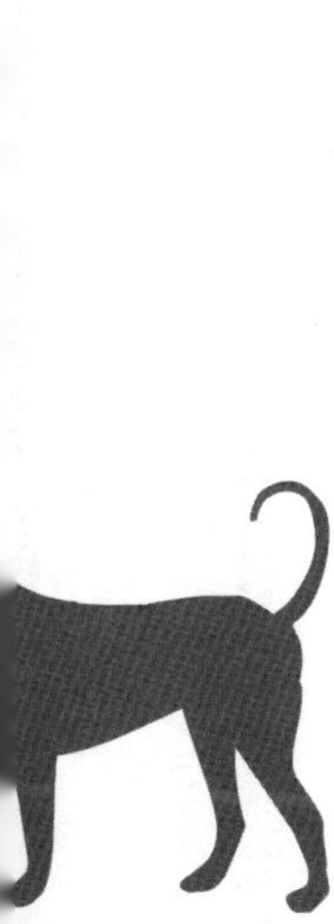

我在前言討論到史金納的理論時，提到叔本華曾說：「每個創新的觀念會先被人取笑，然後被人大肆撻伐，到後來才會被視為理所當然。」我認為觀念的演化還有第四階段——不但被人接受，同時也被理解、珍惜及利用。正增強的概念便是逐漸走入第四階段，尤其出現於成長於史金納理論風行年代的人們，這些五〇年代出生的人毫不戒懼或抗拒地接受了正增強和塑形法，如同今日的小孩輕易接受電腦，儘管他們的父母或許仍恐懼電腦，這些人與前輩分享技巧，並用熱情感染週遭的人。以下是一些令我振奮的例子。

增強之於運動

根據我的觀察，多數團隊運動（例如美式職業足球）的訓練方式仍維持十分傳統的原始作法——經常予以剝奪、處罰、偏頗、言詞或精神摧殘，不過個人運動項目的訓練似乎正歷經劇變，事實上我正是因這個劇變的徵兆才著手撰寫本書。我在紐約威徹斯特郡（Westchester County, New York）的一個晚宴上被安排坐在女主人的網球教練身旁，這位年輕的職業球員來自澳洲，他對我說：「聽說妳以前訓練海豚，妳知道那些史金納的理論嗎？」

「是啊！」我回答。

「那請妳告訴我哪裡能買到史金納的著作，我希望成為更棒的網球教練。」

我知道當時並沒有這樣的書，至於爲何沒有的原因我至今依然不解，不過我決定自己寫一本，於是才誕生了本書。同時，還有一件同樣讓我不解與驚訝的事：眼前這位教練（想必還有一些像他一樣的人）竟然完全明白自己需要什麼，這意味著有些人已經有了增強訓練的概念，而且還想了解更多相關資訊。

當時我居住於紐約市，爲了紓解困於家中、甚少活動的都市生活，也爲了滿足一下訓練師的好奇心，我開始去上一些運動課程，包括赫赫有名的運動課程，也包括迴力球、航船、滑雪（滑降滑雪和越野滑雪）、溜冰和舞蹈。

出乎我意料的是，除了一位講師（運動課程講師）使用傳統恫嚇和嘲弄方式激發行爲以外，其他人都運用適時正增強的方式，也常運用十分高明的塑形技巧，這與我早期學習運動（芭蕾、騎馬和學校體育課）的記憶大爲不同，我從來不曾在運動上表現出色，而且對每一項都既愛又怕。以溜冰爲例，我幼時到一間很成功的大型溜冰學校上花式溜冰課，講師示範方法之後就讓我們自行練習，直到我們做出動作爲止，講師一邊糾正我們的姿勢和手臂位置，並且告誡我們需要更努力。我從來學不會多數花式溜冰招式的入門技巧「外刃滑行」（outside edges）——把重心放在左腳冰刃外側，向左滑出圓圈，所以我一直無法進步。

現在我到紐約一家由奧運教練管理的現代溜冰學校試上幾堂課，旗下員工無論對成人或小孩都使用相同的教導方式——不責罵也不催促，只要看到一點兒成績即立刻提供增強，那裡有許許多多可以創造出成績的機會，從跌倒後如何站起來的基本技巧開始，所有溜冰須知的技巧都分解成容易達成的很多小小階段性塑形步驟。想以單腳滑行？很簡單，用力把自己從牆邊推開，先以兩腳滑行，再抬起一隻腳，只要很短的時間就好，把腳放下，然後換抬另一腳，然後再重複所有動作，這次把腳抬高稍久一點，依此類推，整個入門班的學員包括力氣較弱的人、站得不太穩的人、很年幼的孩子和年紀很大的長者，十分鐘內全都學會了以一隻腳滑行，大家臉上都帶著甚爲驚訝和歡欣得意的表情。

我甚至沒意識到他們在第二堂課塑形出來的「剪冰」（crossover）動作治好了我幼時的平衡問題，一直到我在課後自行溜冰時能夠自在快活地以外刃滑彎時才察覺到這一點。我的改變還不止如此！到了第三堂課我便能夠作旋轉動作（眞的和電視上看到的溜冰選手動作一模一樣），以及靈巧的小小跳躍動作，這些全是我幼時不敢奢望做到的動作（起初塑形這些動作時是靠著牆練習，眞是極富創意的方法！）原來事實的眞相是，學習這類技巧的困難並非來自體能，而是缺乏好的塑形步驟。

另一個例子是滑雪。玻璃纖維滑雪板和滑雪靴的出現讓一般大眾也能接觸滑雪運動，不再僅限於厲害的運動員，但眞正讓大眾出外滑雪的原因在於教授滑雪的方法，初期利用短的滑雪板塑形出必要的行爲（減速、轉彎和停下來，當然也包括如何跌倒和站起來），透過一連串容易達成的小步驟訓練，並以正增強物予以標定。我曾到過科羅拉多州的滑雪勝地亞斯本（Aspen），才上了三堂滑雪課就滑下整座山，同班滑雪新手中有些精力充沛的人在訓練一週後即能挑戰中級難度的坡道。

教學成效迅速的教師一直都零星存在，但我認爲過去一、二十年間的改變在於，迅速產生成效的教學原則已逐漸融入標準教學策略中：「不罵學員，按步驟從一做到十，每達成一個步驟即予以稱讚增強，只要照著這麼做，多數人只需三天就能上山滑雪。」當多數講師利用塑形和增強收到迅速成效時，其他講師爲了競爭工作市場，自己也必須改用新的教學方法。若每項個人運動都出現這種現象，它或許就是形成現今所謂「健身風潮」的關鍵因素，它讓運動技能的學習過程變得好玩又有趣。

增強之於經營

在美國，勞工和管理階層在傳統上居於對立角色，美國商業文化的同舟共濟概念一直不是很普遍，商業常規作法似乎注定雙方盡可能設法只受不施，這從訓練的觀點來看當然極其愚昧，而且有些管理階層也傾於採行其他作法。六〇年代很流行「敏感性訓練」（sensitivity training）等社會心理方法，它教授主管理解同儕和員工的需求與感受，人們或許倍受啓發，但卻仍不知道如何處理員工問題。企業的現實面在於，大家的職位有高有低，有人下令、有人執行，在我們的國家裡，工作的情境多半不像家庭模式，也不應該走家庭模式，因此家庭式人際問題的解決方法便不合用。

最近在商業新聞及期刊不斷出現一些從訓練角度出發的管理作法，這些運用增強的作法有的富含創意、有的高明至極，舉例來說，一位管理顧問建議，當必須部分裁員時，先找出工作表現最差的百分之十和最佳的百分之二十，然後解雇那群表現最差的人，但必須記得告訴另一群表現最佳的人，他們之所以被留下來是因爲工作表現優異。這眞是個「敏感」的建議！在這種人心惶惶的時期，這個作法可以省得最佳人才夜裡失眠而且也發揮相當大的增強效果，除此以外，它也可能激勵表現中等的人追求他們眼前所見的增強物，或者避免成爲表現最差的那一群人。

有些管理技巧的設計圍繞在眞正能使員工感受到增強的事物上——注重什麼對員工有用，不只注重什麼能夠賺錢。對於中年的中階主管而言，他們的增強物可能不是升職，而是較有趣的工作任務，因爲他們可能無法勝任新職位（或因爲必須舉家搬遷而不想要新職位）。有家電腦軟體公司基於煙霧微粒可能會使產品受損的好理由，發給不抽菸和戒菸的員工現金津貼。而其他增強物的使用擴及到自由選擇上班時間（「彈性上下班系統」〔flextime〕，尤其受到職業婦女的歡迎）、在自我管理的生產團隊裡工作、以完成的工作換取獎勵（而非以工作時數）。

縮減開銷和加速產能的計畫方案實質上只企圖迫使勞工不再表現得和目前一樣糟，它的成效遠不如一些協助勞工表現更佳再予以獎賞的計劃方案，運用正增強的企業常在營運跌至虧損底線時收到成效。向來以員工福利極爲完善著稱的達美航空公司即爲一例，西元一九八一年經濟衰退期間，達美航空雖然負擔營運損失，但它仍不願解雇旗下三萬七千名員工中任何一人，每人還反倒加了百分之八的薪水，在這種長期建立起來的正增強風氣下，達美航空的員工們集資爲公司買了一架價值三千萬美元的新波音七六七客機，反過來對公司作了一次增強動作。

動物世界的增強現象

在本書中我不時提及增強理論發揮的作用，它讓專業動物訓練師能夠使無法以暴力訓練的動物建立起行爲，牠們包括貓咪、美洲獅、雞、鳥和鯨豚。增強式訓練開啓了通往新發現的領域，而我相信這個探索之旅才剛起步而已。

訓練動物時不必先想好要動物做什麼，是增強式訓練的好處之一，你可以增強任何一個牠剛好自行出現的行爲，再觀察它可以演變成什麼行爲。沒有人妄想斑海豹會「說話」，但是新英格蘭水族館研究生貝茲．康斯坦丁（Betsy Constantine）注意到一隻因救援而來的斑海豹「胡佛」能夠發出類似人話的叫聲，於是她利用魚作爲增強物針對胡佛的叫聲進行塑形，很快地胡佛已能「說」很多話。

「向這位小姐打個招呼吧！胡佛！」

胡佛以低沉喉音，清楚地說出：「嗨啊！甜心，哈—爾—呀？（英文原爲How're you?）」

聽到牠這麼說很好玩，這個現象也引發哺乳動物學家和生物聲學專家進行科學研究的興趣。

對我這個行爲生物學家而言，增強式訓練最有用也最棒的地方在於它開啓了通往動物心智的窗口。動物不具有心智或感覺的否定性說法已經盛行數十年，這種說法或許很「健康」，去除了諸多迷信、過度解讀（「我的狗懂得我說的話。」）和誤判的情形，可是一批由康拉德．勞倫茲（Konrad Lorenz）博士帶頭的行爲學家指出，動物具有不同的內在狀態（生氣、恐懼等），透過極爲清楚的姿勢、表情和動作表現出來，這些都可被辨識及解讀。

當訓練者和動物彼此看得到對方，而且雙方都受到保護，無法作肢體接觸或傷害對方（動物在籠內或欄內，而訓練者在籠外或欄外），那麼這隻動物便可以自由表達任何訓練互動時所引發的內在狀態。動物經常會因此開始向訓練者表現出因此產生的社會性行爲——

這些訊號可能是問候行爲，也可能是大發脾氣，如果對某個物種一無所知，卻知道這些動物對不同訓練事件出現的經常性反應，那麼從半小時訓練當中所了解的社交訊號可能比花一個月觀察牠與同類互動要來得多。舉例來說，如果我看見一隻海豚跳到空中，池中也有其他海豚，在牠入水時濺起了很大的水花，這時我只能推測牠爲什麼這麼做；但是如果在訓練過程中，因爲我沒有增強一個過去牠一直被增強的行爲，而海豚跳到空中，入水時濺起碩大水花對準我，讓我從頭到腳全身溼透，我就可以有些肯定地說，這種跳高濺水的行爲可能是種挑釁表現，而且效果也很好。

能夠解讀的行爲還不止如此。參與簡單塑形過程的野生動物可以讓你驚鴻一瞥牠們的傾向，或可稱作「物種性情」（species temperament），意謂動物面對各項環境挑戰時，不只單一個體，而是該物種的所有個體都傾於出現的應對反應。我在國家動物園教導管理員如何作訓練時，我使用許多不同物種作示範，我站在圍欄外，圍欄內的動物可以自由活動，我利用哨音作爲制約增強物，並且丟入食物，結果一隻北極熊極其堅持固執，由於牠坐著不動時湊巧意外獲得增強，於是牠開始坐著不動，不斷望眼欲穿地流著口水，死盯著訓練者看，長達半小時以上，只期待著獲得增強，對這種在浮冰上追蹤海豹維生的動物，如此的固執和耐性可能具有重要的活命價值。

無論大象對平時習慣的操作員多麼溫順服從，我作夢也不會妄想進入國家動物園的大象欄舍裡，不過有了管理員吉姆．瓊斯（Jim Jones）的協助，我曾隔著護欄和一頭年輕雌印度象「仙提」（Shanti）進行了兩次「自由發揮」訓練。我決定塑形牠丟飛盤，我們先從拾回飛盤開始，仙提立即開始與飛盤玩一〇一件事的遊戲，尤其會用它製造聲響（吉姆告訴我大象喜歡製造聲響）。仙提用飛盤製造聲響的方法是先用鼻子抓住它，再用它拍敲牆壁，或像拿著棍子的小孩一樣在護欄上拖動飛盤發出噪音，或把它放在地上，再用腳把它推來推去，我看得很開心，牠眞是很好玩。

仙提很快學會把飛盤拾給我，用來交換一聲哨音和水桶裡的零嘴，牠也很快學會只要牠站得離我稍遠一點，我就必須把身子伸進去一些才拿得到飛盤，當我沒上當時，牠重重給了我的手臂一擊，吉姆和我都因此大罵牠（表示我們不贊同這個行爲，大象會尊重這個訊號），牠則又開始把拾回做得很好。但接下來牠卻假裝不記得如何把胡蘿蔔拿走，牠整整花了一分鐘，一邊用鼻子碰觸著我手上的胡蘿蔔，一邊還別有用心地探入我的水桶看，想讓我了解牠偏愛桶子裡的蘋果和地瓜。

當我開始給予牠偏愛的增強物，證實自己腦筋不差又會順著牠時，牠立刻故技重施，用鼻頭碰碰觸觸，又別有用心地瞥我一眼或與我四目相接，試圖要我打開欄舍的掛鎖，大象不只是有點兒聰明而已，牠們實在聰明得驚人。

許多動物在塑形訓練中都會表現出物種性情。有次我因爲不愼而沒有增強一隻土狼，結果牠沒有生氣或放棄，而是展現牠的魅力，來到我面前坐著，咧嘴咯咯笑著，活像個披著毛皮的強尼．卡森（Johnny Carson，美國老牌脫口秀主持人）。我也曾在塑形一頭狼繞過活動場樹叢時犯下相同錯誤，錯過應該增強牠的時機，結果那頭狼轉過頭與我四目相接，若有所思地瞪著我很久，然後跑走，直接繞過了那個樹叢，我便把身上所有的食物給了牠。那頭狼剛才衡量了情勢，也許牠的判斷是，我繼續看著牠所以訓練應仍在進行中，而牠也冒險孤注一擲，看看是否猜得對。眞是喜歡冒大險的動物，土狼如果是搞笑的喜劇演員，狼可比是冒險犯難的北歐維京海盜。

有些時候動物可能完全明白增強是怎麼一回事。國家動物園的瑪蘭妮．龐德（Melanie Bond）負責園內的巨猿，她著手增強了黑猩猩「漢姆」的多項行爲。有天早上，漢姆把牠的食物全收集起來但並沒吃掉，瑪蘭妮猜測牠可能想帶到戶外吃，當漢姆看到瑪蘭妮終於要去開門放牠出去時，牠很清楚該做什麼——牠遞了一根西洋芹給她。

我能夠體諒生物學家爲何想在毫無干擾或干預之下觀察動物的自然行爲，而有些人也因此反對訓練，認爲它極度干預行爲；我也能了解（儘管我無法同理體諒）實驗心理學家爲何迴避只有觀察記錄卻無數據支持的動物相關結論，不過我仍深信塑形訓練是結合兩方研究策略的有效方法，而且如果野地或實驗研究工作者無法或不願採用這個工具，他們或許會錯失重要的發現。

想要進入人類封閉起來的心靈世界，善加運用塑形和增強可能極爲重要。我的朋友貝佛莉是一家多重障礙兒童收容機構的治療師，機構兒童若非又聾又盲即癱瘓弱智，她製作了一個可依麥克風聲音變換閃動模式的彩燈裝置。一名腦性麻痺導致癱瘓弱智的孩子「黛比」終日躺在床上了無生氣、一動不動，她第一次看到這些燈時就大笑了起來，她聽見自己的聲音被放大，看見亮燈數目變多了，立即學會了只要繼續笑和出聲，她便可使彩燈「跳起舞來」；由於發現了黛比有能力使這個有趣事件發生，這名治療師才有可能開始教導黛比如何溝通。另一個孩子出生時即缺少部分頭骨，必須永遠戴著保護頭盔，大家一直以爲他全盲，因爲他只摸索著移動，而且不曾對任何視覺刺激出現反應。貝佛莉鼓勵他對著麥克風出聲，好讓他聽見自己的聲音被放大後而獲得增強，接著她發現這個男孩也會轉頭朝向彩燈的閃光，而且爲了讓燈光跳舞，他發出聲音的時間越來越久，事實上他是看得見的，這時機構人員知道，他們有了一個全新的「頻道」可以溝通並協助這個孩子。

但是這個特殊的訓練玩具在機構環境之下被束之高閣，理由是貝佛莉只有碩士學歷，不應該帶頭施行創新的治療方法，沒有研究報告證實彩燈對多重障礙的孩子有所幫助，事實上這個違反既定規範的新作法還引起了機構其他人員的嫌惡。但是這些都不重要，重要的是增強式訓練可以帶來許多啓發——它不但啓發了訓練對象，也讓人多加了解訓練對象，有時只要幾分鐘的訓練就可以出現這些啓發現象。

增強之於社會

有些人可能會認爲，行爲學者似乎向來宣揚人類所有行爲都是學習和制約的產物，而且每個「生了病」的人（無論是好戰或長疣）都可以透過適當的增強方式「治癒」。事實當然不是如此，行爲是綜合外在和內在反應（無論習得或天生）的結果，個體行爲是天生的，每位母親都明白這一點（生物學家曾證實個體行爲甚至出現於昆蟲身上）。此外，我們的行爲和感受有極大部分是我們這種社會性動物演化的結果，包括喜歡合作、善待他人的傾向（「互惠利他行爲」〔reciprocal altruism〕），也包括有人踐踏我們的想法或土地時表現攻擊反應的傾向（「領域性行爲」），然而每個人在某時某刻出現的行爲或說出的話可能也視當時生理狀態、過往經驗或未來期許而定，人餓得半死或患重感冒時的行爲可能相當不同於狀態舒適時的行爲，無論其他影響因素存在與否。

因此，增強法並不是無所不能，我認爲這沒什麼不對。在我的想像中，我們對行爲的認識有如相互交集的三個圓，一個圓代表史金納博士等行爲學者以及有關學習和獲得行爲的所有知識，另一個圓代表勞倫茲博士等行爲學家以及行爲演化的所有相關知識，第三個圓則代表我們尚未透徹了解的行爲（例如遊戲行爲），每個圓都有一部分範圍與其他兩個圓交集。

由於社會不只存在交互增強的關係，有些在集體情境下施行的社會學增強實驗獲得了褒貶參半的結果；舉例來說，在階級性社會團體（監獄、醫院或少年感化院）使用增強法時，使它效果不彰的人可能正是給予增強的人。有位心理學家朋友向我描述過一個針對感化院少年使用的代幣系統，它的先導計畫成效顯著，但是移至另一個機構施行時卻一敗塗地，甚至產生了不和及抗拒。結果發現機構負責人員確實依照指示增強少年上課等好的表現，可是他們發下增強代幣時卻沒有面帶微笑，這個小小失誤被那些男子氣概十足的少年犯視爲羞辱（我認爲這的確是正常反應），於是整個計畫終告失敗。

人們一直以來都把增強法應用於個人及團體身上，目的不只是培養特定行爲，也用來建立符合社會價值觀的個性（例如責任感）。個性通常被視爲天生，不過它也可以被塑形，諸如創造力就可以被增強；我兒子麥克讀藝術學校時住在曼哈頓區的一處閣樓，他從街上撿來一隻幼貓，對牠增強了任何能逗他開心的「可愛」行爲，我不知道那隻貓心中如何定義牠自己的可愛行爲，不過牠因此成了一隻最不尋常的貓——直至中年依然膽大、專注、忠心，而且舉手投足間盡是令人驚喜的表現。我們在海洋生物世界曾塑形兩隻海豚的創造力（這個實驗已被收錄在許多書籍中），作法是增強任何從未被增強過的新奇行爲，這兩隻海豚很快抓到要領，開始「發明」相當有趣的行爲，競相出現越來越奇特的行爲。一般說來，即使在動物身上，創造力或想像力的多寡亦可能因個體而異，但是訓練可以

「改變」每隻動物的創造力曲線，因此無論牠原先擁有多少創造力，任何人都可能讓它提高。

社會體系（尤其是學校系統體系）有時會因爲壓抑創造力（而非予以鼓勵）而受到批評，我認爲這類批評儘管有理，但社會偏於安於現狀的傾向也是可以理解的。那兩隻海豚學會發揮創意的重要性之後，牠們變成了確確實實的搗蛋鬼，打開柵門、偷取表演器材並且發明淘氣的招數。喜歡求新求變的人，本質上即無可預測，或許社會只能容許這類人存在一定的比例，要是所有人都和那些創意十足的海豚一樣，什麼事情都別想辦了，於是個體創造力常受到遏阻，以利集體模式的出現。或許挑戰這種趨勢所需要的勇氣有助促成改革人士的成功吧。

我認爲增強理論對社會的重大影響並不在於改變了特定行爲或特定機構，而是在於接受正增強後所產生的個體影響。增強就是資訊——這個資訊告知你哪個行爲有用，如果我們擁有資訊，懂得如何讓環境增強我們，我們便能控制環境，不再任它爲所欲爲，事實上就某些層面來看，我們的演化適應度即取決於這類成功控制。

因此，訓練對象喜歡透過增強法學習的原因並不是爲了顯而易見的理由——獲得食物或其他獎勵，而是因爲牠們能夠實際獲得一些控制環境的能力。而人們喜歡利用增強法改變其他人或動物的行爲則是因爲獲得的反應非常令人有成就感，當你看到自己協助達成的成就使得動物變得活躍有精神、小朋友眼中閃耀光芒、人們變得自信耀眼時，這個景象本身就是極具威力的增強物，這種得到好成果的經驗絕對會讓人像上癮般，再多也嫌不夠。

增強式訓練有一個令人難解卻極爲重要的必然後果——它會增進訓練對象和訓練者的感情。我在海洋生物世界工作時曾目睹多次，經過標定訊號（哨音）和食物增強物的塑形訓練之後，野生海豚突然變得相當溫馴，允許人類拍撫並且尋求社交注意，完全不必特別讓牠習慣手或訓練牠出現這種行爲。我也看過馬匹發生這種現象，有時只要訓練一回即會發生，我甚至也在多種決不可能馴服或作爲寵物的動物園動物身上看過這種現象，這些動物表現出的樣子就好像牠們愛上訓練者了。

訓練者也很快發展出情感，我想起大象「仙提」和那匹狼「迪亞坦那」時仍懷著敬重之意，我甚至偏愛那隻腦袋不太靈光的北極熊，我相信這是因爲成功的訓練互動使得參與者彼此成爲類化後的習得增強物：對訓練對象而言，有趣、興奮、有所回報、愉快滿足的事件都源自訓練者，而對訓練者而言，訓練對象的反應既有趣又有成就感，於是兩者產生了相互依附的眞實情感，它並不是一種依賴，只是情感依附，雙方在生命過程中是共同作戰的夥伴。

在人類關係的層面，善加運用正增強可能出現深遠的作用，它可以發展並強化家庭的歸屬感，鞏固友誼，帶給孩子勇氣，教導他們發揮想像力，而且他們日後也將擁有高超的增強技巧，這將成就美妙的性愛關係，畢竟在某種程度上，性愛是一種交互給予正增強物的關係，如果兩人都是增強對方的高手，他們很可能便是一對神仙伴侶。

善用增強法的意思並不是「不加選擇」或「從不拒絕」地隨便給賞，人們的確會陷入這樣的錯誤迷思。有次我看見一位母親在街上推著嬰兒車上的學步幼兒，我注意到每次小孩開始吵鬧，這名母親就停下來，拿出一小袋健康零食（葡萄乾和核果）給小孩吃，然而小孩的樣子看起來並不像是肚子餓，有時還會推開她的手，雖然她設法做正確的事，但是她正認眞盡責地增強孩子的吵鬧行爲，她並沒有檢查孩子衣服是否皺起來沒穿好，或孩子是否可能有其他不舒服的地方才吵鬧。

沒有人能完美無缺，我的提議並不是要大家必須時時刻刻想著增強，而是建議大家改以正向反應進行人際互動，取代殘酷刻薄、激烈爭辯、退縮不參與等普遍出現於許多家庭和機構團體的反應，這個改變不僅將影響互動的參與個體，也像水滴引起的漣漪一樣，向外擴散影響所屬的社群。

就我看來，美國社會儘管擁有各方面的自由，它卻是個懲罰性社會，我們背負加爾文主義人性本惡（Calvinistic negativeness）的重負，影響我們所有制度和多數看法（無論個人的背景差異）。改採正增強可能帶來驚人的轉變，一九八一年，一個極想留住好教師的亞利桑那州小鎮設立了基金會，它向地方人士募款，由學校教職員和社區人士票選五名最佳教師並授予獎金，有時金額幾近一個月的薪水，頒獎儀式在高中畢業典禮上舉行，而且學生也自發地起立鼓掌，向獲獎教師致意。這個計畫進行到第三年時，學生和教師似乎都同樣受益，當地由不同人種、族裔背景和貧富階級構成的學生出現了高於全國平均的學術評比成績。

這個故事讓我覺得意義重大的地方並不是他們用來增強優秀教師的方法（雖然這個主意不錯），而是它成了新聞，而且成了全國性報導，此時此刻我們的文化視正增強爲一種新奇主張，不過它很快成爲眾所接受的主張，較少被當成實驗或狂想了。

這種轉變可能會花上一代、兩代或三代的時間，現在正增強已結合許多理論，而這些理論讓我們能夠在問題出現時進行分析，我推測時間將證明正增強概念傳播力極強，不會受到壓抑，但我料想多數行爲學者的意見應該與我一致，都想不透爲何得花這麼久的時間。

人道主義者反對大部分的行爲學論，或許因爲它暗示社會上所有事物可能都受到人們心懷意圖的操作，而且本該如此（其實多數事情已是如此——只不過操作成效很差）。我認爲這種恐懼毫無根據，史金納建立在增強原則之上的假想社會「桃源二村」（Walden Two），以我身爲生物學家的角度來看，這並不可能達成，理想主義者的社會（無論是假想或實際）有時沒有考量到地位衝突等的生物學事實，或者企圖將它消除，但畢竟我們是社會性動物，因而必須建立位階制度，群體裡競爭地位的現象在所難免，無論是眾所認同或規定的領域，所有領域都一樣，而且這個現象行使一個重要社會性功能：不管是烏托邦理想國度或馬群，位階制度的完善存在具有減少衝突的作用；大家明白自己的位置，所以不必一直低吼表明這一點。我認爲個體地位、群體地位和人類許多其他需求和傾向都過於複雜，至少以長期來看，不可能以事先計畫增強的方式達到滿足或超乎其上。

反過來看，令行爲學者擔心的是，他們看得出來在社會上許多地方正確運用增強將大有成效，但是我們卻一昧頑固愚昧地使用錯誤方法，例如，我們給予他國武器和援助，期待他們與我們站在同一邊。老天！這種期望自己獲得好處而先給他人獎賞的方式是沒有用的，甚至在最基本的層面即已引發適得其反的效果（「她邀我到她的派對去只是想要我帶份禮物給她，我眞是討厭她！」、「提莉姑媽今天表現得特別和藹可親，不知道這個老太婆這次在盤算什麼？」）我也不確定我們以強硬手段對付不聽話的國家是否較爲有效，要是他們不在乎的話呢？如果他們本來就想激怒我們呢？

我知道這種說法可能過於單純，但是我認爲，如果一個國家採取的作法讓任一位響片訓練者都信誓無效，那麼持續這麼做才眞的是頭腦簡單。無論於國家或個人層次，身爲訓練者都應該不斷質問自己一個基本問題：我眞正增強的行爲是什麼？

增強原理是威力強大的工具，但是它的應用變化無窮，超乎某些人的預設，事實上有些人還寧願它不是如此多變。運用增強有如參與一個持續改變、持續有施有受、持續成長的過程，人們發覺到這種溝通的二元雙向性本質，變得較能意識到他人，也必然因而更意識到自己。訓練可以說是一個必須同時知己知彼的過程，是誰在訓練誰呢？雙方都歷經改變與學習。

有些人把增強理論視爲控制、操縱及限制個人社會的方法，但是如同物種改變必須從個別基因開始，社會的改變也必須先由個人開始——先從有利個人的轉變開始，它不可能由控制、操縱及限制的作法達成，至少這些不可能是長久之計（就生物學來看，作家喬治·歐威爾〔George Orwell〕的恐怖烏托邦小說《1984》中所描述的世界並不可能實現），生物不只有獲得食物和庇護處的權利，也有處於增強性環境的權利。使用並了解增強是種個人經驗，這種經驗可能導致所有人受益，它與限制壓抑相去甚遠，它解放了我們所有人，使我們體驗、察覺並增進豐富絕妙的行爲多樣性，而非專注於行爲的機械形式。

6

響片訓練

一種新的訓練技巧

日益普遍的響片訓練

本書在一九八四年首度出版時，「應用行爲分析」尚未受到廣泛利用，三十年的海豚訓練並未讓它廣受應用，雖然學術人士得以在企業和機構中成功運用行爲分析，但是他們尚未想出任何讓人簡單理解這些科學原理的辦法，無法讓未經訓練的人士加以運用。不過對狗兒飼主來說，這種情形開始有了轉變，獸醫伊恩·唐拔（Ian Dunbar）博士是一位極具天份且舉足輕重的犬隻行爲學家，他的文章及課程一向對狗兒飼主推崇以行爲取向的無脅迫訓練法，他也向大家推薦本書！

六〇年代，史金納博士是首位提議以響片訓練犬隻的人，但是我認爲響片訓練眞正始於一九九二年五月於舊金山舉行的「行爲分析協會」（Association for Behavior Analysis）會議，由訓練師和科學家進行了一次座談會，幾天後我與訓犬師蓋瑞·威爾克斯（Gary Wilkes）、海洋哺乳動物訓練師英格麗·雪勒伯格（Ingrid Shallenberger）舉辦了一個二百五十位訓犬師與會的「別斃了那隻狗！」講座，蓋瑞在一家賣小玩意的店裡找到一些小小的塑膠響片，它們不但是很棒的教學工具，也是很棒的標定訊號，人們開始拿著它們訓練。這場訓犬講座促成了其他講座，我相信這些群眾講座以及由它們大量衍生的書籍、錄影帶和網路活動是響片訓練運動的開始。

參加這些講座的觀眾並非全是專業訓練師，有些人可能只是熱衷訓練的業餘愛好者，包括律師、飛機駕駛員、警察、老師、程式設計師、公司經理、牙醫、醫生和記者，這群人具有活躍的喜好興趣，精力充沛，思維條理分明，他們開始教導其他人進行這種訓練，很快地數以千計的人們嘗試著響片訓練，並且把它運用到我們這些創始者都望塵莫及的境界。

兩名維吉尼亞州的年輕女子製作了一段錄影帶，影片中記錄她們如何利用響片訓練狗兒做到三十餘項的把戲，其中有容易的（在想出門時搖鈴），也有邪惡至極的難度（把狗餅乾遞給另一隻狗）。西雅圖警犬訓練師史帝夫．懷特設計了一個訓練警用巡邏犬的響片訓練計畫，該計畫的其中一隻警犬畢業生在第一晚到街上執勤即抓到三個「壞人」（整個過程中尾巴還搖個不停，這是狗兒接受響片訓練後的特色行為）。德州的羅絲瑪麗．貝塞尼克（Rosemary Besenick）開始教導一些行動受限的輪椅人士（當中有些人還有發展遲緩的問題）訓練自己的協助犬。愛犬人士則利用響片訓練狗展比賽的行為，讓狗兒在美國威斯敏斯特狗展中（Westminster）得名。

德州警犬訓練師暨高中電腦老師凱薩琳．威佛（Kathleen Weaver）為響片訓練人士設置了一個網路討論區，共有兩千人加入會員，有些響片訓練人士也設置了一些供問題及想法交流的網站，多位行為分析學家參與網站討論，協助大家解決問題，讓大家更了解學術專有名詞，其中的主力為科學家瑪莉安．貝利（Marian Breland Bailey）博士及先生鮑伯。瑪莉安曾是史金納博士的研究生，夫婦倆在網路的響片訓練圈子裡慷慨貢獻自己的時間和訓練技巧，贏得科學界同儕和一群新聽眾的崇敬。新墨西哥州天文學家喜莉克絲・費威勒（Helix Fairweather）設立了一個網站，用來存放討論區中最重要有用的留言。上紐約州馬術教練暨訓馬師亞歷山卓・寇特蘭（Alexandra Kurland）發明了應用響片訓練馬匹的方法，無論馬匹品種或訓練目的都能進行，包括重新訓練極度危險的攻擊性馬匹。

響片訓練的新手也在網路上分享自己的成果，例如從沒學過訓練的人利用響片訓練教會家中狗兒尋找鑰匙或遙控器、把暖爐用的木頭銜到屋裡或者打開冰箱，選擇正確飲料之後關上冰箱，再拿飲料給下令的人。甚至還有「拾回熱狗網路大挑戰」，你能訓練狗兒把一整條熱狗完整拾回嗎？當然可以。一些眞的很愛現的人還教會狗兒拾回起士漢堡——不過大家都同意拾回來的起士漢堡已經沾了太多口水，不太適合人類食用。

這些現象都是大家集思廣義、創意發揮一項新科技的表現，這些發展以既存的科學原理作爲應用，但是它不可能親臨達成，例如實際把這麼多人都收入同一個研究所中，或把許多有想法的人全部找來面對面進行有效溝通，這絕不可能。於是加拿大響片訓練師黛安娜・喜利爾德（Diana Hilliard）的觀察是，透過網際網路可以讓我們進行一個近似曼哈頓計畫（Manhattan Project，美國研發原子彈的軍事機密計畫）的全球性計畫，集結眾人之智，共同運用改善同一種新科技。

響片訓練的長期附加效應

由於響片運動的爆發，我開始觀察到增強式訓練帶來一些讓我始料未及的長期普遍效應。一九八一年我在紐約科學院（New York Academy of Sciences）發表了一篇報告，指出人們認爲海豚擁有的特性（好玩、聰明、好奇、對人類友善等）或許與我們訓練牠們的方法有關，而非牠們的天性使然。現在我有了第一手的證據：無論任何動物（狗、馬、北極熊或甚至魚），當你以正增強和標定訊號進行塑形之後，牠們都會變得好玩、聰明、好奇而且對你有興趣。你不相信魚眞的可以如此？爲了錄影示範，我塑形一隻慈鯛穿過一個小圓圈並且跟隨標的（利用手電筒的閃光作爲標定訊號是不錯的方法），雖然這些俗稱豬仔魚的魚以溫馴聰明著稱，但我從沒見過哪隻像牠一樣，這條魚成了我家的城堡之王，爲了吸引人的目光牠會把水拍濺出來並且拍打魚缸蓋，隔著玻璃和小孩碰鼻子，別家狗兒到訪時牠會作威脅狀，把鰭和鰓伸展開並不斷作勢攻擊。令人驚訝的是，牠在五年壽命期間，即使老早退休、不需上場表演、想吃即有得吃，牠仍很好玩、聰明、好奇又友善。

以下是另一個我最喜歡的例子，顯示只要一次訓練就能夠存在長期行爲效應①。有天

---

① 摘自凱倫・布萊爾博士著作的《行為相關：隨筆小品及研究》（*On Behavior: Essays and Research*, Sunshine Books, 1995）。

晚餐後，我為了娛樂表親的孩子而教他們家的貓彈鋼琴，我利用「Good」作為標定訊號，以小片火腿作為初級增強物，塑形出貓咪坐在鋼琴椅上、以一隻腳掌拍擊琴鍵的行為（貓咪多半約花五分鐘即能學會，牠們喜歡訓練人類依照牠們的預期提供零食）。那天晚上以後沒有人再叫牠這麼做，牠也不再出現這個行為。

過了兩年，有天早上我的表親打電話來，他告訴我前一晚他們被樓下傳來的詭異聲響吵醒，似乎有人彈奏著鋼琴，他探查之後發現，客廳的門一如往常，為了保暖已全關上，但平時睡在樓上臥室裡的貓咪當時卻在客廳裡，坐在鋼琴椅上。我們推測，當貓咪喵喵叫或抓門的正常反應都失效時，牠出現了彈琴的這個習得行為，但這次不是為了食物，而是為了回到牠偏愛的睡覺地點，這個作法顯然很成功。

無論哪個物種，接受響片訓練的另一個長期效應是，行為一旦習得之後便不會被忘記。十五年前我便已知道海豚會出現這種現象，但當時我並不確定這是否是海豚特有的現象。我現在已經了解更多了，傳統訓犬師改採響片訓練之後普遍常見的反應之一是，他們非常驚訝狗兒習得行為之後竟能維持得很好，一旦行為到位了，它便不會消失，不像處罰訓練出來的行為，必須不斷重新訓練和溫習。我懷疑（但據我所知尚無正式數據支持）這種行為持續存在的普遍現象不但可能是利用正增強或負面刺激進行訓練的根本差異之一，也是利用標定訊號或只利用初級增強物訓練的根本差異之一。

突飛猛進的學習成效

另一個顯著的響片訓練新要素是伴隨訓練而來的加速學習成效。厲害的響片訓練者（有些人幾乎從一開始就是好手）可能在數日內即達成傳統訓練必須花上數月或數年才能達成的行爲，目前爲止我發現最爲明確的例子出現於犬隻服從競賽中，在這個領域裡採取傳統訓練方法是相當標準的作法，測試的流程也極制式化，人們發展及測試這些特定行爲服從項目已達數十年之久，因此任何改變都顯而易見。

傳統訓練通常必須花上一年、甚至兩年才能訓練出初級（Novice）選手，再花一兩年培訓出中級（Open）選手，另外再花一兩年才能培訓出高級（Utility）選手，而在人們利用響片訓練後，訓練狗兒達成相同行爲的時間可以縮短很多。曾有人從買狗到完成所有三級競賽只花了一年多的時間，還有一位狗兒飼主則在三分鐘內教會她的澳洲牧牛犬（Australian cattle dog）趴下、過來、坐下等所有高級服從項目的手勢，而有一名女子帶著一隻十歲大的愛爾蘭雪達犬（Irish setter）通過了初級服從的三次資格賽，分數也非常不錯，她只花了三週訓練時間（很抱歉我得提一下，眾所皆知這不是個很聰明的犬種）；賽後不久這隻狗即老死，牠的飼主表示要是早能在牠年輕時就發現這麼棒的溝通方式就好了，響片訓練對於訓練者和訓練對象而言都是加速的學習方式。

有些人拒絕把這些超級快速學習的報告當成實證，但是對我而言它們已經成爲「診斷」工具。當老練的傳統訓練師「跨域」到響片訓練，並且興奮地告訴我過去得花幾個月訓練的行爲，現在只要一週（或一個早上，或一分鐘）就達成了，即便我沒看到他們訓練也可以相當確定，他們已經學到了響片訓練的兩個基本要素：首先，他們按響片的時間很準。第二，他們也理解如何逐步、但快速地一點一點地提高要求；順帶一提，另一個顯示響片新手正確使用這個科技的指標是，他能夠自行將訓練轉移到別的物種身上，例如：「我今天早上教會我的馬三件事情，然後我進屋裡用響片訓練了狗兒、貓咪和天竺鼠。」喀達，這就對了！

如果有數據顯示響片訓練有多迅速，那該多有趣！我希望未來會有一些研究生以服從競賽人士豐富的資料，進行傳統方法和這種新科技的比較研究。

去除響片

人們不想在訓練對象餘生裡都非得按響片給零食不可，這是反對響片訓練很常見也可以理解的想法。當然，這是個誤解，維持行爲並不必使用響片，任何慣用的訊號和任何形式的增強物都可達到這一點，響片的用途是訓練行爲，一旦學習者學會了目標行爲，即不再需要使用響片。不過當你需要「解釋」一些新的訊息時，你可能會再度使用響片，你可以利用響片溝通相當特定的訊息。

舉例來說，我的朋友派翠西亞．布魯英頓（Patricia Brewington）有一隻經過響片訓練的佩什爾（Percheron）公閹馬，名爲詹姆斯，派翠西亞和丈夫道西從詹姆斯還是幼馬時便持續對牠進行響片訓練，完成了成馬的所有工作行爲訓練如乘載人們、拉車和拉雪橇、從林子拖出砍下的木材。當詹姆斯接受過「完整的教育」之後，牠已經不再須要響片和食物，詹姆斯懂得服從許多口頭訊號和手勢，看得出來牠很喜歡工作表現優異時獲得稱讚和拍撫等增強物，牠也喜歡冰塊、玩球、以鼻子搖動雪橇鈴、回到穀倉、走出穀倉、觀察人們做什麼的機會，以及生活裡許多其他可利用的增強物。

有天詹姆斯腳上長了個膿瘡，獸醫要求牠必須定時泡腳，所以派翠西亞拿來一桶溫水放在詹姆斯身旁，把牠的腳放入水桶中，詹姆斯隨即把腳抽了出來，她又把牠的腳放進去，詹姆斯又抽了出來。詹姆斯已是匹體型碩大的馬，而個頭嬌小的派翠西亞沒辦法施行強硬手段，她也幾乎從來不罵牠，這時該怎麼辦？她回到屋裡找到了響片，重新回到穀倉裡，她把詹姆斯的腳放入水桶中——並且按下響片，派翠西亞以比喻的說法描述牠的反應（增強式訓練師也常這麼做）：「噢！你的意思是要我把腳放在水桶裡啊，噢，好吧！」這次並不需要給牠胡蘿蔔，詹姆斯剛才只是不明白派翠西亞要牠做什麼，在牠理解之後牠並不介意這麼做。

訓練對象有如參與遊戲

在我訓練海豚期間，我曾發表了一篇題爲「海豚的創造力：訓練新奇行爲」（*The Creative Porpoise: Training for Novel Behavior*）的報告，描述了一些我們在海洋生物世界進行過的訓練，這篇期刊報告成爲心理學課程的經典文章，每年都被教授採用，用來激發學生對操作制約的興趣。我必須再次重提，當時我不太清楚發明新行爲的能力是否是海豚的特性，或者它是否與訓練系統有關，現在我可以稍微肯定地說，創造力——或者至少實驗性和主動性——是響片訓練的內在副作用，訓練者當然免不了會受到影響，訓練對象也一樣。

利用習得增強物訓練時，訓練對象有如參與遊戲，遊戲規則是想辦法出現會讓訓練者按下響片的行爲。觀察小孩玩這個遊戲，你應該會不加遲疑地說這個遊戲會促發小孩學習的欲望，或甚至讓他們動腦思考，動物難道不也會這樣嗎？

我曾經拍攝過一匹俊美的阿拉伯母馬，牠接受響片訓練後會依口令豎起雙耳，如此一來比賽時看起來較爲機靈警醒。牠顯然知道響片聲代表會有一把穀子吃，牠知道這與自己的耳朵有關，牠也顯然知道牠的行爲可以讓訓練師按下響片，但是做什麼呢？牠把雙耳豎起來，分別轉動它們：一隻朝前，一隻朝後，然後再對調動作，然後牠把雙耳像兔耳一般往兩側垂下來，我原本並不知道馬匹能夠刻意這麼做，最後牠的雙耳同時朝前，喀達！啊哈！牠自此便知道該怎麼做了。這種過程迷人有趣，我們通常並不要求馬兒動腦筋思考或發揮創造力，但牠們看來很喜歡這麼做。

在狗兒熟知響片訓練之後，有些飼主變得非常習慣狗兒採取主動及多加嘗試，於是訓練過程中讓狗兒「自行提供」行爲（無論已習得的行爲或全新的行爲）成爲他們的慣常作法。許多響片訓練者與狗兒玩一個遊戲，我暱稱爲「和盒子玩的一〇一件事」（可以用椅子、球或玩具取代盒子），它的玩法與我們在海洋生物世界激發海豚創造力的作法幾乎一樣，每次狗兒找到一個把玩該物件的新方法就有人會按下響片，例如：你可以把紙箱放在地上，狗兒去聞聞你就按下響片，然後等牠用鼻子去碰它時按下響片，直到牠把紙箱推來推去。接下來你可以讓狗兒發現，推紙箱已經不再有用，但是用腳去抓它、把腳跨入箱內，到最後跑到紙箱裡才會讓你按下響片。

狗兒也可能自己發明出一些行爲：把紙箱拖過來拖過去，或者把它銜起來四處走；曾經有隻狗首度挑戰這個盒子遊戲時，牠把自己所有玩具找來，一一把它們全放入紙箱裡，喀達！幹得好！我的邊境梗犬曾經把紙箱翻倒蓋住自己，然後蓋著紙箱亂跑，營造出箱子神奇移動的詭異景象，這讓房間裡的所有人笑得樂不可支，牠似乎也因此而很開心。有些狗兒發明新行爲的聰明程度並不遜於海豚，而且狗兒如同海豚和馬兒，似乎都很愛玩這個具有挑戰性的響片遊戲。

免於恐懼的自由

「沒有處罰」的響片訓練引起響片訓練者和其他人士諸多爭議，傳統的看法（以及一些心理學家）仍然堅持必須「獎善懲惡」才能多多少少獲得居中的結果，但事實上，許多傳統訓練的問題都直接源於處罰的使用；前述提過的那匹阿拉伯母馬變得無法參加馬展競賽，問題便來自用來讓馬兒豎起耳朵的傳統方法——在馬匹頭上揮鞭子（牠們在穀倉裡時即不時遭鞭子抽打，所以牠們知道鞭子很危險），那匹母馬不但沒有因此出現警醒的樣子，反而把雙耳向後貼耳，這個行爲越處罰越發加劇，看起來很不上相，於是才開始對牠進行矯正用的響片訓練。

響片訓練者發現，如果在訓練當中增強想要的行爲，又同時處罰（或糾正）不想要的行爲，好的效應便會停止出現。首先，快速的學習速度會停止，訓練對象回到牠的「正常」學習速度。第二、如果訓練者很不小心，訓練對象將完全停止學習——而且也沒有意願學習，這一點更糟！如同小孩可能會不情不願地勉強上學，一路上拖拖拉拉閒蕩，狗兒也可能出現勉強表現的反應，而且處於訓練情境即感到緊迫，牠們喘著氣、打著呵欠，不想待著；但響片訓練的狗兒常出現的情形是，牠們事實上會主動引發訓練，並且等不及似地趕緊跑到進行訓練的地方，表現出對訓練的熱切。

我並不是說響片訓練者從來不說「不行！」當然，你可能會因爲狗兒看著桌上的小點心而斥喝牠一聲，或者在人潮擁擠的人行道上把牽繩牽短些，限制牠的自由，但是我們必須避免把處罰（或說得好聽一點是「糾正」）當作促成學習的工具。進行訓練時，動物可以自由冒險試驗、亂猜或設法自己發明出可能被增強的行爲，如果牠猜錯了，沒關係！最糟不過是響片不會響，在這種安全的狀況下，訓練對象會很快發現一些表現自己最佳能力的方法，而這些將帶來很棒的成果。

學習與樂趣

另一個人們不斷呈報的響片訓練附加效應就是，訓練對象的行爲出現全面性的改變。受到處罰或糾正訓練的動物學習到，能少出力就盡量省，只要不會被處罰就好，這類訓練對象就像是「好士兵」一樣，很聽話，但是不會自動。在這種訓練體制之下，即使訓練對象很服從，但牠們較有興趣的事仍是自己的行爲和私生活，而不是你或任何上權者想要什麼，所以牠們不但很容易被干擾所吸引，牠們也期待干擾的出現。此外，當牠們被過度要求或處罰過頭時，它們會生氣或放棄，我們在家犬、許多員工或學校裡的孩子身上都看得到這些行爲。

相反地，響片訓練對訓練者或訓練對象而言都很好玩，「玩」是一個要素。我曾見過一名發展遲緩的青少年，當她做出某個新行爲而獲得響片聲時她笑了起來，而且當她看見響片時，她比出「來玩！」的手語，老師並不知道她原來懂得這個手語。響片訓練者學會辨認出動物的遊戲行爲，這是訓練對象已經意識到哪個行爲會被增強的徵兆，當牠們的「燈泡亮起來了」（比喻「恍然大悟」，響片訓練者慣常這麼描述），狗兒會蹦跳吠叫，馬兒會騰躍甩頭，據說大象還會繞著圈子跑並發出唧鳴，牠們很開心，牠們也很興奮，這個現象本身即具有增強作用。這些情形都是可預期的，也會一再出現，而且它們幾乎都伴隨出現生理變化，這類反應都是值得好好研究的題目。

當動物有這種程度的參與度時，響片則變得威力無窮，比食物更甚許多，響片和它的聲音變得具有增強作用。以下是一個例子：黛比．戴維斯是位響片訓練課程講師，教導肢障人士訓練自己的服務犬，她本身是輪椅肢障者，以一隻蝴蝶犬作爲服務犬，這種小小的、黑白相間的玩具犬種體型就像貓咪，雖然牠的個頭袖珍，卻非常聰明，可以拾回鉛筆、找電視遙控器、取出乾衣機裡的衣物。當黛比和牠去上訓犬課時，這隻小小的狗兒會從她大腿上跳下來，在椅子底下穿梭，跑到人們的包包裡去偷響片，好像是說：「媽咪，這裡還有，這些東西越多越好，不是嗎？」

將響片訓練融入日常生活

學習原理如同物理定律，對我們任何人都有效，可是要想像它在我們身上發揮作用卻不見得容易。響片訓練新手常問：「把響片拿來對付小孩（或老公、老婆）有用嗎？」然後一邊尷尬地咯咯笑。它當然會有用，但是你必須先學會方法，例如等候喜歡的事情出現並作增強，而在看到不喜歡的事情時必須閉上大嘴，這些都有違人的直覺反應，需要一些練習才做得到。

我們發現，與寵物一起體驗響片訓練其實是最佳的起步點，人們會因此開始類化他們所理解的事情。參加響片座談的人聊到：

「我不再對我的狗又抽又拉地處罰了，然後我才頓悟到，我仍這麼對待自己的孩子！」

「我以前用下令和糾正的方法對待我的牙醫診所同仁，現在我開始使用塑形和增強法，你知道嗎？人事流動率已經降到零。」

「這個作法對我的狗很好——而對我而言，它改變了我和生命中每個人的關係。」

響片訓練既簡單又直接，它不只帶給人們思想上的深省，也帶來一種新的應對策略，可以應用於許多不同的行爲情境。

現今這種轉移應用情境的作法在響片訓練界變得司空見慣，擁有教學專職的響片訓練者，例如高中教師和大學講師、特教老師、物理治療師、機構照護者等都在工作上運用這項技巧，一些子女具有不同發展遲緩或肢障問題的父母與我分享過自己和孩子運用這些新技巧的感想，一位母親運用塑形和增強教導患有自閉症的女兒與人進行適宜的社交對話。這些父母增進了失能子女的技能，從吃飯穿衣到走路說話，用的就是增強物和一個標定訊號。

了解增強式訓練並無法修復肢體缺陷或神經缺損，它也無法取代專業人員的協助，但是它可以使所有人的日子變得容易一些，父母學習到如何塑形出合宜的行為，避免不經意增強了不宜的行為——增強安靜的行為，而非吵鬧；增強遊戲行為，而非耍脾氣。他們並沒有「把自己的孩子當成動物對待」，這是最普遍拿來攻擊這種作法的偏見，響片訓練的重點不在於訓練對象是人或動物，而是更好的教導及學習方式。

最棒的一點是，不需要擁有博士學位也能擁有有效的塑形技巧。最近我與女兒全家一同出遊，在駕車返家途中她一歲兩個月大的兒子開始大吵大鬧，他並沒有哭（至少，當時還沒哭），他只是因為車程太久而且一直被困在汽車座椅上而大吵抗議，但是我們還有二十分鐘的車程；一起坐在後座的七歲孫子懷利處之泰然地解決了小弟弟的鬼叫問題，作法是增強越來越久的安靜時間，標定訊號是什麼呢？懷利的微笑！增強物呢？舔一口懷利的棒棒糖！

我最近教授了一個塑形及增強的課程，對象是五十位左右的教育人士，我要求他們交一個塑形訓練的作業。雪倫・安姆斯（Sharon Ames）是語言治療師，她選擇以自己三歲半的雙胞胎進行塑形，她的挑戰如下：雖然晚上八點是雙胞胎的上床時間，但每天晚上要讓這兩個小寶貝蛋上床睡覺卻得花上三小時以上的時間，雪倫開始以投入瓶子的零錢作爲增強物，雙胞胎到了早上便可以拿錢換取獎賞；第一天晚上兩個孩子每完成一個上床的準備工作就會獲得「喀達聲」（此處即投入一個零錢）：跳進浴缸，喀達！離開浴缸，喀達！穿好睡衣，喀達！依此類推。接下來，關上燈以後，如果每次雪倫回來檢查時他們還在床上（不必在被子裡，只要在床上），喀達！（當然，也會投下零錢）。

第一天晚上的前半個小時裡，她每隔一分鐘就去檢查一次——這樣就有了三十次喀達聲，之後一個小時改爲每五分鐘去一次，此時雙胞胎已睡著了。第二個晚上，她把檢查的間隔時間空開一點兒，每十分鐘才去一次，不到一個小時他們就睡著了，第三天晚上他們立刻睡著了。在三天內雙胞胎從上床到睡著的時間從每晚三個小時減至約二十分鐘，這個時間還挺適當的，之後一直維持不變。這對雙胞胎很贊同響片的作法：「我們可以再多玩玩響片遊戲嗎？」當然，雪倫和丈夫獲得的增強物才是眞正的大獎，他們因此有了充足的夜間睡眠。

安姆斯一家把響片訓練融入了日常生活（雪倫告訴我他們發現，偶爾才按一次響片並且加大增強物的話，它的效果會更好），雪倫的母親有時會幫他們看孩子，雪倫也教她如何在孩子身上使用響片，然後她母親認養了一隻狗，但常抱怨這隻新寵物有些問題行爲，雪倫建議她：「爲何不試試響片呢？」她母親半信半疑地說：「唔，是啊，這招對小孩效果奇佳，但是妳眞的認爲它對狗也有用嗎？」

更多應用在人類身上的作法

撰寫本章的同時，我正親自參與發展兩項應用於人類的響片新計畫。一項計畫利用響片訓練飛行，此處的響片是一個「黑盒子」電子響片聲，連接到飛行員的耳機，響片聲不但較爲精確，它也能夠提供其他方式無法做到的增強方法，例如當駕駛員轉頭去看儀表時，他們的手不應該抓著方向盤，以免不小心使機身轉向，然而我們開車時卻都學會了不可把手拿離方向盤，要去除習得行爲永遠比訓練新行爲來得累人，口頭提醒或告誡的時間太長，而且發生時間也太遲，不過即便雙手只稍微離開方向盤，響片聲也能標定這個行爲，並且使這個行爲永久維持。

飛行教練也可以在學生表現主動性及完善思維時按下響片，例如在出現提醒之前即主動巡視儀表，因此響片可以利用非口語的方式獎勵非口語行爲，在發生當下即出現獎勵。我兒子麥克．布萊爾是飛行員，也是發展這個計畫的負責人，他從初步資料呈報發現，在學習技能（例如儀器飛行）時，響片似乎可以較快建立起執行能力，並且長期維持習得行爲，自從我們開始這個計畫，每位與我談過的飛行員一聽到不用經常回到飛行模擬器練習即可能維持儀器飛行評比及技能時都豎起了耳朵。

響片訓練對學生而言也有趣多了，麥克說：「當你認爲應該會有響片出現但卻沒有時，你會增加動作，更加努力企圖找出自己應該做的事，等到響片響時，一種勝利的感覺油然而生，這比被罵的感覺好太多了！」

第二項計畫與我在麻州劭氏布洛市（Southborough, Massachusetts）新英格蘭兒童特教中心（New England Center for Children）的顧問工作有關。這個中心有五百名員工和兩百名學生，是美國專事發展障礙兒童教育的領導機構之一，它尤其著重自閉症兒童的教育，我們正在探索使用事件標定器（響片或其他方式）的可能性，對象是診斷出自閉症等發展障礙的兒童。中心裡活力充沛的年輕教師對這些挑戰性高的兒童提供日夜不休的一對一親自照料，他們都是大學畢業生，通常主修教育或相關科系，中心提供他們行爲分析應用的密集在職訓練課程，在這些專業技能以外增加響片的使用，至少就初步而言，它可爲那些對語言無法回應或不作回應的兒童傳遞一項清楚明白的正面資訊，而且它的回饋也讓教師明白自己是否抓準時間點、要求標準的調整是否適當。

我在中心擔任一年半的顧問，我覺得我們極有希望能將一些初步觀察整理成記錄，我們注意到教導障礙兒學習一些通常會訓練他們的行為時，如果利用標定訊號和他們偏好的零食似乎有所助益，這類行為可能包括改善肢體技能、增進眼神接觸、參與意願和聽從指示，有些與我合作的教師利用響片訓練使動輒激動的兒童減輕反抗或不再反抗，以進行必要的程序如刷牙、剪頭髮和量體溫，而且有時他們眞的看起來很開心。

我希望強調的是，這些說法都尚未經過科學驗證，新英格蘭兒童特教中心極以研究取向，有了他們關切這個研究方向，一個天大的好處就是它的研究或許可使我們這些響片訓練者不再停留在運用響片的趣聞軼事和敘述性作用上，而且對於學習理論及應用也提供由數據支持的貢獻。

接下來的發展呢？行為分析協會一直不斷有訓練師加入，並且在年會上發表報告及舉辦座談，同時訓練界人士不斷地探索這項科學，有些人甚至回到學校追求進階學位，我們正學習如何稱呼我們以前完全憑直覺運用的概念，並且學會辨識它們是什麼樣的概念，例如：精進度（fluency）、延宕時間（latency）、引證（adduction）。

我從行為分析協會的活動中驚訝地發現，有一群研究和教育人士在學校裡也見到我們響片訓練者所看到的現象，他們所發展出來的應用方式稱為「精準教學法和直接教學法」（Precision Teaching and Direct Instruction），它的效率極佳。我參觀過其中一個施行該教學法的主要地點「晨興學院」（Morningside Academy），這個位於西雅圖的實驗學校由肯特・強生（Kent Johnson）博士創辦，校長爲喬安娜・羅賓森女士（Joanne Robbins），它每次只收六十名學童，多半患有注意力缺失症（attention deficit disorder）、過動症（hyperactivity）或學習障礙（learning disabilities），只有學習至少都落後了兩個年級進度的孩子才得以入學，它的學費相當可觀，可是如果孩子每年趕上的進度不到兩個年級即可要求全額退費。

從來沒有人向他們要求過全額退費，他們如何做到的呢？爲了讓孩子獲得好成績，他們把每個孩子需要學習的所有事情都分解成許多小步驟，訓練孩子一個步驟一個步驟地完成，每次的訓練時間極短，由孩子自己追蹤進度，它的成效具有自我增強的作用——挑戰自己前一次所花的時間，並且提昇自己的技能程度，不過他們也獲得其他的增強物，例如玩電腦的時間或玩電腦遊戲（這些遊戲的設計當然也依據逐步調整的增強時制）。

有時孩子教育的小小缺失會導致層出不窮的問題，可是這些缺失卻很容易解決。在一間教室裡，我從一名九歲男孩身後探頭看他做什麼，他正盡快在一分鐘內不斷重複把零到九的數字全寫過一遍，爲的只是獲得一聲響片。他很聰明，但是學校系統的教育方式沒法教會他如何清楚快速地寫下數字，這個小小的訓練缺失很可能造成他往後人生的夢魘，可能影響他作代數題目或寫下女孩子電話號碼的表現，所以現在就得解決這個問題。

當然，這只是操作制約運用在教育上的一個小例子，晨興學院的教育模式正日漸普及，強生博士和喬．萊因（T. V. Joe Laying）博士也在芝加哥學校系統裡進行一項規模較大的計畫，其他相關計畫也在各地展開。

我的希望及期待是，如果欲使學校系統轉型成眞正有效的教育模式，它應該由科學、改革人士（如強生博士和萊因博士等）及家長三頭並進，而要使任一方發揮作用，則必須從自己做起，不能只雇來專家，然後說：「解決我家狗的問題！」或「解決我家小孩的問題」，甚或「解決學校系統的問題！」你才是主要的訓練者，而教育是一種參與性的活動。

世界各地的響片訓練

我相信過去十五年間大家對於這個科學領域的態度已經大爲改觀，有些人聽到史金納的名字時仍會驚顫，因爲他使這些人心中浮現美麗新世界②、心智控制和電擊的影像，不過卻有更多人能夠自在接受正增強的概念。

當然，有些人只是口頭說說，設立網路響片討論區的凱薩琳．威佛指出，作訓練的人所提到的「響片訓練」並不只是使用響片的意思，響片的「使用者」可能自稱「正向訓練者」或「動機訓練者」，他們或許借用了響片這個特殊器具標定他們想要的特定行爲，但是他們仍然繼續利用處罰、肢體脅迫等傳統訓練使用的所有不快刺激作爲訓練工具。

相反地，響片訓練者可能利用任何刺激作爲標定訊號，他們不認爲響片本身具有任何不可思議的神奇魔力，但是他們也刻意避免迷信行爲（例如加劇處罰的行爲），他們的工具箱裡裝著全套的塑形和正增強技巧以及相關的操作制約原理，無論他們訓練兒童或成人、馬匹、狗兒或其他任何動物，他們都可坐收成效：加速學習、行爲歷久不忘、快樂且參與度高的訓練對象以及完完全全的樂趣，這些成效全來自響片訓練的科技。

或許，使用這個新科技的人將來會幫它取一個比響片訓練更爲獨特的通稱，我希望會如此，不過這個最後終於出現的名稱也許不會是英文。多虧有了網際網路，響片訓練已擴展到全球各地，響片訓練討論區裡某天可能出現使用麋鹿骨哨的芬蘭雪橇犬訓練者（因爲金屬哨子會凍黏在嘴唇上），改天又出現波士尼亞的貴賓狗飼主或新加坡的獸醫，或者出現英國女子描述她如何訓練自家養的刺蝟拾回物件。西元一九九八年，我的網站「www.dontshootthedog.com」在一個月內即有十五萬次點選瀏覽次數，每個月至少都有來自四十個不同國家的人點選。

在這些所有分享的往來訊息、試驗和發現當中有一種蔚爲風尚的興奮感受，任何科技的發展初期應該都是一樣的，例如飛行的早期，或收音機剛出現的時期，偏遠農場上的孩子打開礦石收音機，只期望收聽到某個穿越時空的訊號。我們是這項科技的先驅者，我們

---

② 赫胥黎所著批判科技的英國科幻小說《美麗新世界》（*Brave New World*）。

尚無法預料它將帶領我們到何處。

《思想傳染》（*Thought Contagion*）一書的作者阿倫・林區（Aaron Lynch），他引用通訊工程科學的說法，談到科技傳播過程中出現的特殊通訊現象，他說明若要快速傳播一項科技，必須具有三項特質：該科技必須很容易，必須讓使用者看得到好處，也必須能夠讓人一點一點地逐漸習得。響片訓練便符合這三項特質，而在狗兒飼主身上絕對看得到它的傳播，當人們看見傳統訓練出身的狗兒表現時，他們常說：「那一定花了好幾年時間訓練，我不可能做得到。」或「我的狗不可能像牠一樣聰明。」相反地，人們看見響片訓練的狗兒表現時，他們會驚呼：「你是怎麼辦到的？我也可以做到嗎？示範給我看，我來試試！」

你沒有辦法事先預知哪個事件將使新一群的使用者迷上響片訓練。訓馬師亞歷山卓・寇特蘭在一家大型馬廄進行訓練，每天週遭有數十人來來去去，她的馬匹和學員以驚人速度學習著各項新技能，但是旁觀者只當那些是「古怪的響片玩意兒」而嗤之以鼻，直到她教會一匹馬像狗兒一樣把玩具拾回來，突然間，馬廄裡的每一個人都非得要有一匹會拾回東西的馬不可，大家都問：「你怎麼做到的？我也可以嗎？」

最近亞歷山卓在一封電子郵件中寫道：「它已經發生了，我們現在已無法讓精靈回到魔瓶裡，以後可好玩了！」

我希望她對精靈和魔瓶一事說得沒有錯。

關於好玩一事，我知道她說得沒錯，訓練一直都是件好玩的事！

（全書完）

致謝

我感謝莫瑞（Murray）和瑞塔・西德門（Rita Sidman）夫婦的友誼及鼓勵，也感謝莫瑞對本書初版及修訂版提供詳盡的編輯意見，他睿智善意的指教對於這次資訊更多、我期望更有用處的新版內容貢獻甚大，然而如果有任何新出現或舊有的錯誤完全都出自於我。

我也感謝菲爾・海萊（Phil Hineline）在一九九二年邀請我到行爲分析學會上演講，因而開拓了新的生涯方向；感謝已故的艾莉・瑞茲（Ellie Reese）迫使我對自己和自己的工作抱持較爲認眞的態度；感謝蜜爾娜・利比（Myrna Libby）和文森・史諸利（Vincent Strully）給我機會到新英格爾兒童特教中心工作，也感謝已故的肯尼斯・諾尼斯（Kenneth Norris）使我成爲海豚訓練師並且讓我投入寫書這些麻煩事。

我也感謝強・林伯（Jon Lindbergh）、蓋瑞（Gary）和蜜雪兒・威爾克斯（Michele Wilkes），他們與我協同在九〇年代初期於美國及加拿大舉辦了一系列講座，過程非常耗費心力，卻也是極大的樂趣，我對於教授訓練者時出現問題的處理方法學到了很多。

自那時起，響片訓練者的社群一直持續發展並擴充這項行爲科學的應用方式，這群人懷抱著卓越才智、創造力及滿心熱忱，我要特別感謝凱薩琳．威佛（Kathleen Weaver），她所主持的「響片訓練討論區」是據我所知爲時最久的網際網路自由討論區，也特別感謝凱薩琳．青（Kathleen Chin）安排主辦極多重要的講座及會議。

我也感謝所有創新響片訓練的人們，尤其是卡瑞琳．柏麥斯特（Corally Burmaster）（競賽用犬隻及馬匹訓練）、史帝夫．懷特（Steve White）（警犬訓練）、卡洛琳．克拉克（Carlyn Clark）及旗下員工（寵物飼主訓練）、摩根．史貝克特（Morgan Spector）（服從訓練）、亞歷山卓．寇特蘭（Alexandra Kurland）（馬匹訓練）、黛安娜．米利爾德（Diana Hilliard）（服務犬及狗展犬訓練）、米蘭達．米勒（Melinda Miller）（馬匹訓練）、拉娜．米契爾（Lana Mitchell）（牧羊犬訓練）、史帝夫．萊曼（Steve Layman）（猛禽訓練）、吉姆（Jim）與艾咪．羅根（Amy Logan）（駱馬訓練）、蜜爾娜．利比（Myrna Libby）（兒童應用）、麥克．布萊爾（Mike Pryor）（成人應用）及鮑伯（Bob）與瑪莉安．貝利（Marian Bailey）（無論年紀或物種的應用），下一波的擴展才剛起步，這趟旅程上有這麼多朋友和同儕一塊兒同行眞是令人歡欣。

國家圖書館出版品預行編目(CIP)資料

斃了那隻狗：動物訓練必殺技／凱倫．布萊爾（Karen Pryor）著；黃薇菁譯．— 三版．— 臺北市：商周出版：英屬蓋曼群島商家庭傳媒股份有限公司城邦分公司發行，2023.01
面；　公分. --（petBlog；05）
譯自：Don't Shoot The Dog!: The New Art of Teaching and Training.
ISBN 978-626-318-482-4（平裝）

1. CST：行為改變術

178.3　　111017589

別斃了那隻狗！：動物訓練必殺技（經典暢銷改版）

Don't Shoot the Dog: The New Art of Teaching and Training

作　　者／凱倫．布萊爾（Karen Pryor）
譯　　者／黃薇菁
責任編輯／余筱嵐

版　　權／吳亭儀、江欣瑜
行銷業務／周佑潔、林詩富、賴玉嵐、吳淑華
總 編 輯／黃靖卉
總 經 理／彭之琬
事業群總經理／黃淑貞
發 行 人／何飛鵬
法律顧問／元禾法律事務所 王子文律師
出　　版／商周出版
115台北市南港區昆陽街16號4樓
電話：(02) 25007008　傳眞：(02) 25007759
E-mail:bwp.service@cite.com.tw
發　　行／英屬蓋曼群島商家庭傳媒股份有限公司城邦分公司
115台北市南港區昆陽街16號8樓
書虫客服服務專線：02-25007008；25007719
服務時間：週一至週五上午09:30-12:00；下午13:30-17:00
24小時傳眞服務：02-25001990；25001991
劃撥帳號：19863813；戶名：書虫股份有限公司
讀者服務信箱：service@readingclub.com.tw
城邦讀書花園www.cite.com.tw
香港發行所／城邦（香港）出版集團
香港九龍土瓜灣土瓜灣道86號順聯工業大廈6樓A室 E-mail：hkcite@biznetvigator.com
電話：(852) 25086231　傳眞：(852) 25789337
馬新發行所／城邦（馬新）出版集團 Cite (M) Sdn. Bhd.
41, Jalan Radin Anum, Bandar Baru Sri Petaling,
57000 Kuala Lumpur, Malaysia.
Tel: (603) 90563833 Fax:(603) 90576622
email:services@cite.my

封面設計／徐璽設計工作室
排　　版／極翔事業有限公司
印　　刷／韋懋實業有限公司
經　　銷／聯合發行股份有限公司　地址：新北市231新店區寶橋路235巷6弄6號2樓
電話：(02)2917-8022　傳眞：(02)2911-0053

■ 2023年1月3日三版　Printed in Taiwan.
■ 2024年9月5日三版2刷
定價320元

 ISBN 978-626-318-482-4

115　台北市南港區昆陽街16號8樓

英屬蓋曼群島商家庭傳媒股份有限公司城邦分公司　收

請沿虛線對摺，謝謝！

書號：BU8005Y　　　　書名：別斃了那隻狗！

請於此處用膠水黏貼

商周出版

讀者回函卡

線上版讀者回函卡

感謝您購買我們出版的書籍！請費心填寫此回函卡，我們將不定期寄上城邦集團最新的出版訊息。

姓名：＿＿＿＿＿＿＿＿＿＿ 性別：☐男 ☐女

生日：西元＿＿＿＿年＿＿＿＿月＿＿＿＿日

地址：＿＿＿＿＿＿＿＿＿＿

聯絡電話：＿＿＿＿＿＿＿＿ 傳真：＿＿＿＿＿＿＿＿

E-mail ：

學歷：☐ 1. 小學 ☐ 2. 國中 ☐ 3. 高中 ☐ 4. 大學 ☐ 5. 研究所以上

職業：☐ 1. 學生 ☐ 2. 軍公教 ☐ 3. 服務 ☐ 4. 金融 ☐ 5. 製造 ☐ 6. 資訊

☐ 7. 傳播 ☐ 8. 自由業 ☐ 9. 農漁牧 ☐ 10. 家管 ☐ 11. 退休

☐ 12. 其他＿＿＿＿＿＿＿＿

您從何種方式得知本書消息？

☐ 1. 書店 ☐ 2. 網路 ☐ 3. 報紙 ☐ 4. 雜誌 ☐ 5. 廣播 ☐ 6. 電視

☐ 7. 親友推薦 ☐ 8. 其他＿＿＿＿＿＿＿＿

您通常以何種方式購書？

☐ 1. 書店 ☐ 2. 網路 ☐ 3. 傳真訂購 ☐ 4. 郵局劃撥 ☐ 5. 其他＿＿＿＿

您喜歡閱讀那些類別的書籍？

☐ 1. 財經商業 ☐ 2. 自然科學 ☐ 3. 歷史 ☐ 4. 法律 ☐ 5. 文學

☐ 6. 休閒旅遊 ☐ 7. 小說 ☐ 8. 人物傳記 ☐ 9. 生活、勵志 ☐ 10. 其他

對我們的建議：＿＿＿＿＿＿＿＿＿＿

＿＿＿＿＿＿＿＿＿＿

＿＿＿＿＿＿＿＿＿＿

請於此處用膠水黏貼